PRODUITS

DES

ÉTATS PONTIFICAUX

A L'EXPOSITION UNIVERSELLE

BEAUX-ARTS ET INDUSTRIE.

CATALOGUE

AVEC UNE INTRODUCTION

ET DES NOTES EXPLICATIVES

Par M. l'Abbé C.-M. LE GUILLOU,

Chanoine honoraire de Quimper,
Chevalier de l'Ordre pontifical de Saint-Grégoire le Grand,
Aumônier émérite des hôpitaux de Paris, etc.

PARIS

LIBRAIRIE D'ADRIEN LE CLERE ET Cⁱᵉ,

Imprimeurs de N. S. P. le Pape et de l'Archevêché.
RUE CASSETTE, 29.

1855

PRODUITS

DES ÉTATS PONTIFICAUX

A L'EXPOSITION UNIVERSELLE.

OUVRAGES

DE M. L'ABBÉ C.-M. LE GUILLOU

(TOUS APPROUVÉS).

Nouvelles Études sur la Sainte Bible. Choix des passages les plus remarquables des Livres saints, nouvellement traduits, avec des réflexions selon l'esprit de l'Eglise et des Pères, réfutant les principales erreurs des temps modernes. Ouvrage honoré d'un bref spécial de N. S. P. le Pape, et adopté par un grand nombre de séminaires, etc. 2e édit.; 1 fort vol. in-12. — Prix : 3 fr. 50 c

Les Grandes Questions sociales au point de vue biblique. 1 vol. in-8º. — Prix : 2 fr.

La Foi, l'Espérance et la Charité opposées à l'indifférence, au désespoir et à l'égoïsme du siècle, et *véritable théorie* du bonheur. 3e édit.; 1 beau vol. grand in-18. — Prix : 3 fr.

Le Chemin de la Croix, *véritable voie de la perfection,* expliqué aux fidèles; avec douze cantiques et trois oratorios inédits en l'honneur de la Croix. Splendide vol. grand in-18, orné de 18 magnifiques gravures et de musique. — Prix : 7 fr. 50 c.

Le même ouvrage. In-32; édit. populaire, sans gravures ni musique. — Prix : 1 fr. 50 c.

Neuvaines à Marie ; *livre complet de prières ;* 3e édit., beau vol. grand in-18, avec gravures. — Prix : 6 fr.

Lyres catholiques : recueil général de cantiques à l'usage des paroisses, colléges, pensionnats, missions, retraites, etc., renfermant les paroles presque toutes nouvelles de 450 cantiques, oratorios et sur tous les divers sujets religieux qui peuvent intéresser la piété des fidèles, et classés en trois divisions : *la Lyre pieuse, la Lyre de Jésus, la Lyre de Marie.* Fort et beau vol. in-18. — Prix : 3 fr. 50 c.

Les mêmes, avec la musique à trois voix. 6 vol. — Prix : 36 fr.

Les mêmes, avec la musique, avec accompagnement de piano, 6 vol. — Prix : 75 fr.

Quinze nouveaux Cantiques à Marie immaculée ; adoptés par M. l'abbé Desgenettes, pour l'Archiconfrérie de N.-D.-des-Victoires. Avec la musique. — Prix : 2 fr.

Rome a parlé ! Grand cantique à l'Immaculée Conception , dédié à S. E. monseigneur Ch. Sacconi, nonce apostolique en France. — Prix : 3 fr.

Motets divers, — Offertoires. — Saluts, etc. — Il en a été publié un catalogue spécial.

PRODUITS

DES

ÉTATS PONTIFICAUX

A L'EXPOSITION UNIVERSELLE

BEAUX-ARTS ET INDUSTRIE.

CATALOGUE

AVEC UNE INTRODUCTION

ET DES NOTES EXPLICATIVES

Par M. l'Abbé C.-M. LE GUILLOU,

Chanoine honoraire de Quimper,
Chevalier de l'Ordre pontifical de Saint-Grégoire le Grand,
Aumônier émérite des hôpitaux de Paris, etc.

PARIS

LIBRAIRIE D'ADRIEN LE CLERE ET CIE,

Imprimeurs de N. S. P. le Pape et de l'Archevêché.

RUE CASSETTE, 29.

1855

PARIS. — TYP. ADRIEN LE CLERE, RUE CASSETTE, 29.

INTRODUCTION.

Multi dicunt : Quis ostendit nobis bona?
(PS. IV. 6.)

Un vieil adage prétend que le *style, c'est
l'homme :* et il dit vrai à certains égards ;
tout le monde en convient. L'homme, en
effet, dans son langage écrit ou parlé, tra-
duit nécessairement, sans qu'il s'en doute,
aux yeux et à l'intelligence de l'observateur
éclairé, le fond de son caractère, et se pose
à sa juste valeur.

Par analogie, et en se basant d'ailleurs sur
les principes sûrs d'une sévère logique, on
peut dire, avec non moins de raison, que la
littérature, c'est la société : et, en effet, l'en-

semble des écrivains formulent, dans leurs œuvres, l'état moral de la grande famille à laquelle ils sont identifiés, et la part qui lui revient aux progrès des connaissances utiles.

En projetant la même idée sur un horizon plus vaste, bientôt on découvre aussi évidemment que *l'industrie, c'est la nation :* un peuple, en effet, manifeste merveilleusement ses tendances par son industrie que féconde plus ou moins le génie de l'art, et marque lui-même au grand jour la place qu'il occupe dans l'ordre de la civilisation.

Il n'est pas inutile de remarquer que le caractère, les mœurs, le génie, ne peuvent échapper à l'influence des croyances religieuses, et que la religion de vérité, qui purifie au lieu de corrompre les sens, qui agrandit au lieu de retrécir le cœur, qui élève au lieu de rabaisser le sentiment, frappe tout ce qu'elle inspire et bénit, d'un cachet inexprimable et divin de noblesse, d'ordre et de beauté qui prévient, attire et charme.

L'Exposition universelle, soigneusement observée, justifie solennellement toutes ces idées. En permettant de voir à l'œuvre les hommes individuellement, les sociétés, les nations, et d'examiner comparativement leurs produits, en tenant compte des éléments dont chacun dispose, et dans une foule de cas, des doctrines que chacun professe, on touche inévitablement au doigt le fort et le faible ; on reconnaît dans les progrès ce qu'il y a de bon et de mauvais, de précieux et d'immoral, de louable et d'abject ; enfin on parcourt, du bas au sommet, l'échelle de la civilisation, en désignant à chaque individu, comme à chaque peuple, le rang qui semble lui appartenir d'après la richesse relative du sol, la sagacité des recherches, l'habileté du travail, et enfin la sagesse des mesures qui assurent les succès ; il est bon d'ajouter d'après les avantages, la facilité et la loyauté des transactions commerciales.

Ce classement, chacun peut s'en rendre compte à son point de vue, et, au fond, nous n'avons pas à nous en occuper. Mais s'il est certain que telle tribu sauvage de l'Inde donne à l'exposition universelle la mesure de son étrange naïveté en fait d'art, d'industrie et de développement intellectuel ; si la Chine nous exhibe quelques produits estimés ou curieux, au milieu de tant d'autres qui la mettent au ban des nations civilisées ; si le nouveau monde nous révèle des peuples sous bien des rapports déjà fort avancés, pour être cependant jeunes encore ; si, par ses matières premières, ses fabriques de premier ordre, et sa marche rapide dans les voies de l'invention et de l'application, la France semble dominer les autres nations de l'Europe, sans en excepter l'Angleterre, jadis sa fière rivale, aujourd'hui sa franche alliée : disons aussi que Rome reste Rome, toujours digne d'elle-même, tenant un sceptre à la fois glorieux et modeste. Grâce à la fécondité de la majeure partie de son territoire, à ses saines traditions de l'art antique, à son zèle pour les sciences sans cesse stimulé par la vigilante sollicitude de ses augustes pontifes, aucune autre nation ne songe à lui disputer ce sceptre, qu'elle porte en dehors du sceptre pacifique et divin qui fait de Rome la ville incomparable, la ville éternelle, la ville du Saint-Siége apostolique, la capitale du monde chrétien.

Cependant Rome est moins la ville de l'industrie que la ville des beaux-arts : elle revendique surtout ce dernier titre sans prétendre abdiquer l'autre. Ses insignes monuments, ses fameuses écoles, ses maîtres renommés, en font toujours, aujourd'hui comme autrefois, le rendez-vous célèbre, la terre classique du savoir et de l'étude. Elle a ses gloires modernes que ne sauraient désavouer ses anciens souvenirs. L'Exposition des beaux-arts aurait pu recevoir de Rome bien des chefs-d'œuvre récents. Dans la sculpture, on n'y trouve pas les grands noms de l'Italie, Tenerani, Galli, Revelli, Tadolini, etc.; la peinture regrette aussi l'absence des Minardi, Coghetti, Capalti, Chierici, etc. Et pourquoi? pour plusieurs raisons, les unes plausibles, les autres non fondées, nous aimons à le croire. C'est d'abord la crainte d'avoir à déplorer des objets endommagés ou brisés, conséquence presque inévitable d'un transport moins direct et moins facile par mer et par terre. Cette crainte est pardonnable, et se trouve malheureusement justifiée par le fait. Mais un autre motif, qu'on ne peut guère excuser, c'est une certaine défiance dans les jugements du jury. Ce qui prouve, au reste, la difficulté de cette haute mission dont on a peut-être quelquefois malencontreusement abusé.

Mais, quoi qu'il en soit, cependant, d'importants travaux , et entre autres la grande page. du chevalier F. Podesti, peintre d'histoire, *le Siége d'Ancône* sous Frédéric Barberousse; les miniatures si bien étudiées de **M.** Francesco Medici ; l'excellente statue de Pie V, et les charmants groupes, *la Bienfaisance, l'Amour maternel, Saint Jean-Baptiste* jouant avec son agneau, du sculpteur **J. M.** Benzoni ; enfin le marbre de **M.** Bienaimé, l'*Apothéose de Napoléon Ier*, suffisent à coup sûr pour rappeler que Rome nourrit toujours en son sein le feu sacré du beau, et demeure la patrie toujours éminente de Michel-Ange et de Raphaël.

Au besoin, nous rappellerons la grande figure de Canova, qui semble planer sur une exacte réduction en bronze de ses deux magnifiques lions du Vatican. Nous citerons encore les superbes épreuves photographiques de **M.** Dovizielli, qui nous remettent admirablement en vue les plus notables merveilles de

Rome, et les sites les plus pittoresques de ses gracieuses villas. Enfin nous revendiquons les succès éclatants du graveur L. Calamatta, qui, né à Civitta-Vecchia dans les États pontificaux, s'est formé à Rome dans l'art où il excelle, sous la direction des célèbres Marchetti et Giangiacomo. Correspondant romain de l'Institut de France, L. Calamatta a été désigné par le gouvernement du Pape pour membre du jury international à l'Exposition universelle. Comme il habite actuellement la capitale, c'est à raison de sa résidence à Paris que ses œuvres ont été admises par le jury français, et ne se trouvent pas portées aux États pontificaux dans le Catalogue des beaux-arts ; mais c'est à Rome que revient l'honneur des admirables travaux qu'il expose, parmi lesquels nous retrouvons le dessin de *la Vierge à l'Hostie,* d'après M. Ingres, celui de *la Vision d'Ezéchiel,* d'après Raphaël, les *portraits gravés* du roi d'Espagne et de plusieurs personnages de distinction, d'après nos grandes illustrations en peinture.

Arrivons aux riches camées de M. Michelini, riches de matière, riches de dessin, riches de travail. Ce maître de l'art n'entreprend guère que la pierre fine; et le fini du travail annonce un talent consommé.

On appelle *Camée* une pierre dure, composée de plusieurs couches superposées de diverses couleurs, dont l'artiste profite pour faire une espèce de tableau, d'un fond le plus souvent ombré et dans lequel les figures sont claires, et les draperies et les cheveux d'une nuance plus colorée.

Entre toutes les pierres aptes à être ainsi gravées, les anciens préféraient l'agate, la sardoine, la cornaline rouge et la calcédoine. Plus tard, le luxe venant à s'accroître, on commença à graver l'améthyste, le béryl et d'autres pierres précieuses. D'un autre côté, on vulgarisa le camée en substituant aux pierres dures, certains coquillages qui les imitent et se travaillent avec une incomparable facilité.

Il ne faut donc pas confondre le camée sur pierres fines et dures, qui, de même que la médaille, reste à travers les siècles comme un monument, avec le camée plus ordinaire sur coquillage, très-susceptible de se détériorer.

Celui-ci se grave à l'aide du burin et n'a pas grande valeur; le camée sur pierre dure se grave au tour avec la poudre de diamant et se vend fort cher.

L'art de graver les camées sur pierres fines, tant en relief qu'en creux, vient des anciens Grecs qui l'ont transmis aux Romains sous le règne de César Auguste. Leurs œuvres admirables dont on retrouve encore des spécimens dans les fouilles des monuments et des tombeaux antiques, forment l'un des précieux ornements des musées du Vatican et de quelques autres musées de l'Europe. C'est encore à Rome que l'art du camée conserve sa vieille renommée, et nous devons dire que M. Michelini l'a saisi, comme le pratiquaient les anciens, dans sa plus grande perfection. Il est facile de s'en convaincre en jetant les yeux sur la collection qu'il expose, et où brillent en première ligne le portrait de S. M. l'empereur Napoléon III, sur pierre du Brésil, et celui de S. M. l'impératrice sur sardoine orientale.

Remercions M. Diez, autre artiste romain distingué, de nous avoir permis d'admirer dans un camée d'un travail exquis, les traits augustes et

parfaitement ressemblants du bien-aimé Pontife qui, ceint de la triple couronne, occupe
avec tant de gloire la chaire de saint Pierre, et
gouverne avec tant de sagesse les États Romains.

Un autre art qui, comme le camée, date des
temps les plus reculés, l'art de la mosaïque a
été conservé plus spécialement dans la ville de
Rome, et l'exposition des États pontificaux
offre de bien remarquables échantillons de cet
art précieux, l'une des gloires de la ville
sainte. Dans les siècles même les plus barbares
au point de vue des arts, on doit à la sagesse
et à la générosité des souverains pontifes, de
l'avoir mis en honneur dans les basiliques les
plus célèbres, où l'on en conserve qui portent
l'empreinte du goût des divers âges; et comme
Constantinople emprunta aux Romains ce
luxe artistique, il se trouve que c'est dans les
constructions byzantines qu'on en a fait le plus
large emploi : témoins les célèbres basiliques
de Ravenne, celles de Rome du temps de
Pascal II, et celle de Saint-Marc de Venise.

Aussitôt que les papes, dans le XVe siècle,

firent renaître les arts dans leur sévérité classique, un de leurs premiers soins fut d'aviser à ce que l'on corrigeât la grossièreté qui s'était glissée dans la mosaïque , comme l'attestent les grandes tribunes des églises de Rome, construites antérieurement à cette époque , c'est-à-dire depuis le xie siècle.

Les souverains pontifes ne se contentèrent pas de cette rectification de l'art, mais ils voulurent que la basilique de Saint-Pierre, qui est la première église du monde, eût un atelier à elle, où l'on réunît les artistes les plus habiles, en les y entretenant dans les meilleures traditions du dessin, de la composition et des effets, et en prenant tous les moyens de perfectionnement des pâtes mosaïques, de la richesse des nuances et de leur échelle chromatique.

En effet, tous les tableaux d'autel de l'église vaticane, et toutes les peintures des voûtes et coupoles, sont en mosaïque.

L'école vaticane a pour mission , tout en conservant et perfectionnant l'art, de restaurer les mosaïques qui se dégradent et ont besoin d'être réparées ou refaites, dans l'immense édifice de Bramante et de Michel-Ange. Il s'y fait

aussi de grands tableaux en figures, tels que
les répétitions des fameux tableaux des Sibylles,
dont les souverains pontifes font cadeau soit à
des têtes couronnées, soit à des personnages
qui ont rendu des services éminents à l'Église.
Il est fâcheux que l'Exposition universelle n'ait
pas reçu, des ateliers du Vatican, quelques spécimens de ses beaux et grands tableaux histo-
riques qui présentent beaucoup plus de difficultés vaincues dans la composition des figures.
Cela manque pour que l'art de la mosaïque soit
parfaitement représenté sous tous les aspects,
tel enfin qu'on le traite à Rome.

Pendant longtemps l'atelier du Vatican a
été presque exclusivement privilégié pour ce
genre de travaux artistiques ; et ce n'est que
depuis un siècle à peu près que les particuliers
ont essayé de créer des ateliers et d'élever des
maisons de commerce et d'industrie, où l'on
exploitât l'art de la mosaïque, pour le public
amateur dont la fortune serait à la portée des
frais considérables qu'entraîne cet art somp-
tueux.

On fabrique à Florence un genre de mosaïque en fragments de pierres dures, qui s'ap-

pellerait mieux *incrustation*. Les environs de
cette ville abondent en pierres qui se prêtent
jusqu'à un certain point, en donnant un temps
considérable à les assortir, aux diverses teintes
nuancées ; il faut néanmoins convenir qu'il
devient difficile, pour ne pas dire impossible,
par ce procédé, de traduire des peintures délicates et surtout les chairs. Il importe donc
de ne pas confondre ce genre avec la mosaïque
romaine, qui est la seule vraiment digne de
ce nom. En travaillant avec des pâtes émail-
lées, de toutes les nuances possibles au nombre de plus de dix mille, disposées en morceaux
très-petits reliés entre eux par un ciment particulier, celle-ci arrive, avec du talent et du
goût, à produire tous les effets du pinceau,
mieux même que ne le fait la tapisserie des
Gobelins. C'est par ce motif que l'on a dit,
avec raison, que pour la mosaïque florentine
il suffit d'être ouvrier capable, tandis que pour
la mosaïque romaine il est indispensable qu'on
soit artiste habile ; car il faut absolument,
pour bien traduire son modèle, que le mosaïste
sente ce que le peintre a senti et comme le
peintre a senti.

Au nombre des principales maisons de
Rome qui travaillent la mosaïque d'une manière sérieuse, il faut compter l'établissement
de M. Galland, dans lequel se distinguent les
artistes Roccheggiani père et fils. M. Galland
expose, sortant de ses ateliers, une grande vue
du Forum et plusieurs tables d'un mérite in-
contestablement supérieur comme art. Il expose aussi des objets d'ameublement ou de
toilette, des presse-papiers, des broches, etc.,
d'une fabrication plus soignée, mais qui ren-
trent plutôt dans le domaine de l'industrie, de
même que les mosaïques du professeur Aug.
Francescangeli qui doit regretter aujourd'hui
de n'avoir pas exposé quelques-unes de ses
grandes pièces artistiques. Cet artiste, il faut
le dire, a joué de malheur, comme il arrive
assez fréquemment à ceux qui sont obligés de
réunir l'art au commerce. On lui avait fait des
commandes importantes qu'il espérait exposer, mais force a été de les livrer, contre son
attente, aussitôt achevées.

Comme échantillon de la mosaïque plus an-
cienne, à morceaux moins fins, M. Belloni expose sa copie du portrait de Napoléon Ier

peint par Gérard. Ce travail est fait pour être vu de loin : à une distance convenable, on ne peut qu'admirer l'habileté avec laquelle tous les détails du pinceau se trouvent parfaitement rendus par la combinaison des pierres.

On a essayé de la mosaïque en bois, et une invention toute nouvelle d'un Allemand, M. Pfersdorff, très-ingénieuse assurément, produit une fort élégante et vraie mosaïque de fantaisie *. Nous ne la citons ici qu'afin de mieux caractériser, comme genre à part, l'ébénisterie d'incrustation ou marqueterie dont M. Gatti, fournit, dans un splendide secrétaire fabriqué par lui, un modèle des plus accomplis pour la forme et le travail, vrai chef-d'œuvre, qui du reste lui a valu les suffrages unanimes des visiteurs. M. Gatti expose encore une magnifique table octogone d'un mètre de diamètre

---

* Sous le numéro 10,343, MM. E. Scriba et Ch. Pfersdorff ont exposé deux tables de cette nouvelle et curieuse mosaïque en bois. Dans chacune de ces tables, on a calculé qu'il entre environ deux millions de petits morceaux de bois de forme et de couleurs variées à l'infini. Elles se trouvent placées dans la rotonde près de la grande chaire de M. l'abbé Choyer, à gauche, avant d'entrer au Panorama.

sur laquelle il a groupé neuf charmants sujets entourés d'ornements, qui font honneur à son double talent de dessinateur et d'artiste en marqueterie.

Pour rendre justice à qui de droit, nous dirons ici que c'est à la munificence d'un prince de l'Église, S. Em. le cardinal Amat, évêque de Palestrine et grand chancelier apostolique, que sont dus les rapides succès de ce jeune artiste déjà célèbre. M. Gatti habite même dans le palais de Son Éminence qui a recherché tous les moyens et toutes les occasions d'être utile à son protégé et de faire prospérer à Rome l'art vers lequel l'entraînait un goût prononcé, l'art de la marqueterie, qui, inventé en Orient, fut apporté par les Romains en Occident.

Après les merveilles de la mosaïque et de la marqueterie, nous devons constater que le public porte généralement une attention particulière à la table ronde en marbre blanc d'un mètre de diamètre, exposée par M. le marquis Muti-Pappazurri-Savorelli, sur laquelle sont gravées, par un nouveau procédé, au moyen d'agents chimiques, différentes légendes de la

Divine Comédie du Dante, d'après les dessins
originaux de Flaxman.

Ce n'était pas assez que Rome donnât à
l'Exposition universelle une idée de la magni-
ficence de ses monuments séculaires par la
mosaïque et par l'image fidèle que nous en
trace la photographie, M. Spagna, fabricant de
bronzes d'art et d'orfévrerie, a eu l'heureuse
pensée de les mieux représenter encore par
la reproduction de la colonne Trajane en
bronze doré, avec un piédestal en marbre ; reproduction fidèle dans toutes ses proportions
et ses innombrables détails, le tout d'un travail
achevé, pour la ciselure surtout qui, pour être
appréciée, demande à être regardée à la loupe.
Ce chef-d'œuvre de copie atteint, de la base
au sommet, deux mètres quatre-vingt-dix centimètres. M. Spagna est l'auteur et le fabricant
du magnifique calice en or, enrichi de pierres
et de brillants d'une grande valeur, qui a servi
au pape Pie IX pour la messe solennelle où Sa
Sainteté a proclamé le décret relatif à l'immaculée Conception de la très-sainte Vierge,
le 8 décembre 1854. Ce calice a fait l'admira-

tion de toutes les personnes qui ont pu le voir à Rome. On conçoit les raisons de haute convenance qui ne permettent pas de le faire figurer dans une exposition.

Le même orfèvre qui a fabriqué les superbes couronnes d'or avec diamants, qui ont été offertes l'année dernière par le Souverain Pontife, avec le concours du vénérable Chapitre de la basilique de Saint-Pierre, à la statue miraculeuse de Notre-Dame-des-Victoires dans l'église paroissiale des Petits-Pères à Paris, M. Castellani expose un calice en or massif, orné de pierres fines de couleur, qui n'a pas encore été consacré, et appartenant à S. A. Mgr l'abbé prince Bonaparte. Ce calice d'un dessin moins compliqué ne laisse pas d'être d'un goût recherché, sans cependant avoir le caractère du calice spécial à l'orfévrerie romaine.

Les nombreux étrangers qui visitent la ville sainte savent bien que l'orfévrerie romaine excelle surtout dans le genre des calices et des ostensoirs, et aurait pu envoyer à l'Exposition universelle bien des pièces de ses fabriques qui y auraient dignement figuré, à côté de celles qui font tant d'honneur à M. Poussielgue (an-

cienne maison Choiselat), à M. Trioullier, à
M. Bachelet et à quelques autres habiles orfè-
vres français. L'usage des calices gothiques n'a
pu reprendre encore à Rome, où l'on paraît résolu de continuer le classicisme grec, qui, on
aura beau dire, a bien aussi son mérite. Les calices romains sont plus élancés, plus légers de
tige, et à base plus riche de bas-reliefs et de
statuettes. La forme de la coupe semble plus
gracieuse et représente mieux le calice d'une
fleur naturelle. Les ostensoirs sont généralement d'une composition mieux raisonnée ; le
support de la gloire est dans des proportions
plus en rapport avec la grandeur des rayons,
ce qui est ici un point capital. Telle forme
ou tel système, en orfévrerie comme en
architecture, n'est souvent qu'une affaire de
goût, qui, indifférente en soi, n'a qu'un intérêt relatif ; mais quel que soit le style pré-
féré, il faut bien reconnaître que chaque style
a ses proportions plus heureuses, qu'il importe d'étudier et de maintenir pour lui con-
server sa grâce particulière.

Après cela, c'est au génie seul qu'il appar-

.tient de s'affranchir des règles communes pour en créer dé plus hardies, s'il peut en rencontrer. d'aussi rationnelles qui dénotent un progrès. Or, le génie ne se donne pas, mais il se développe par la méditation de toutes les ressources de l'art, en y joignant une pratique graduée. Assez ordinairement le génie pour l'art, comme pour les sciences, pour l'industrie, pour tout, se révèle dès l'enfance, et ne demande qu'à être dirigé et cultivé.

C'est ce que comprend fort bien l'excellente administration du célèbre hospice de Saint-Michel, à Ripa, où sont élevés un assez bon nombre d'enfants pauvres. Il est vrai que là on ne connaît point ce que c'est que de sacrifier le dévouement à la malveillance ou au caprice. L'homme de foi n'y trouve d'autre obstacle au bien que l'épuisement de ses forces, si tant est qu'il n'y rencontre à chaque pas une main amie pour le soutenir de toutes ses sympathies et de tous ses vœux. Confié à la sollicitude de S. Em. le cardinal Tosti, depuis trente-trois ans, cet établissement de charité est devenu des plus splendides par le zèle éclairé et la vigilance incessante de son

insigne protecteur. Il réunit au delà de sept
cents personnes : vieillards infirmes des deux
sexes ; femmes et filles reprises de mœurs, et
jeunes garçons délaissés ou prévenus de va-
gabondage ; enfin des enfants orphelins ou
appartenant à des familles peu aisées. Chaque
catégorie a, dans l'établissement, ses divisions, logements et réfectoires à part. Ainsi des
salles communes y sont disposées pour les uns ;
et pour les autres, des cellules de correction,
dont la solitude a été singulièrement adou-
cie par les souverains pontifes qui, en s'ef-
forçant d'apporter de puissants remèdes aux
plaies les plus saignantes de la société, sont
mus par des motifs bien plus élevés et au-
trement humains que ceux qu'inspire l'or-
gueilleuse philanthropie. Ces cellules de correction ont servi de modèle à nos prétendus
progressistes modernes, mais ils se sont bien
gardés de s'en vanter. On y a créé, en outre,
divers ateliers industriels, une grande filature,
une fabrique de draps destinés à la troupe,
voire même une imprimerie ; et puis des clas-
ses d'arts libéraux où l'on enseigne aux enfants
les plus intelligents la peinture, la sculpture,

l'architecture, la gravure et la musique. Plusieurs de ces élèves sont devenus d'habiles et célèbres artistes, et l'on voit exposés dans une salle spéciale quelques-uns de leurs ouvrages. Mais hâtons-nous de dire que le précepte : *Soyez plutôt maçon si c'est votre métier*, est parfaitement suivi à Saint-Michel , et qu'au bout de quelques mois, on renvoie sans pitié aux écoles de l'industrie, les élèves qui ne justifient pas aux beaux-arts les espérances qu'on en avait d'abord conçues.

Une fabrique de tapisseries à personnages , genre des Gobelins de Paris, dépend de cette partie des arts de l'hospice, et se trouve l'unique de l'Italie. Elle a envoyé à l'Exposition universelle , deux grands tapis dont l'un reproduit très-délicatement les colombes du Capitole., et, ce qui est plus curieux, divers accessoires fort originaux, copiés fidèlement de quelques fragments antiques trouvés dans des fouilles.

Enfin l'hospice Saint-Michel présente quelques-échantillons de ses draps, dont il faut considérer plutôt la solidité que la finesse, en songeant à leur destination. Le soldat , en effet , demande de bons vêtements qui aient moins d'apparence que de qualité réelle.

L'art sur lequel pèse une responsabilité grave qui en fait un autre sacerdoce sauf le caractère, l'art qui est plus directement chargé de la conservation de la vie humaine, l'art de guérir, s'efforce, dans les États romains, de se tenir à la hauteur de nos découvertes modernes, et parvient quelquefois à s'y associer. Pour son compte, M. le docteur Giovanini, de Bologne, expose un nouvel instrument avec ses accessoires , destiné à l'une des opérations de chirurgie les plus délicates, qui se pratique dans l'un des cas les plus sérieux au point de vue médical. L'instrument de M. le docteur Giovanini est d'une invention fort originale, et peut recevoir à son extrémité, selon le besoin, tantôt un perforatif avec sa couronne, tantôt une scie à roulette, qui a quelque analogie avec celles que produisirent presque en même temps, il y a une vingtaine d'années, à l'Académie de médecine, le docteur français Élie Le Guillou et le docteur allemand Heine. Le mérite de ce double trépan est incontestable ; et moyennant quelques modifications désirables afin d'en faciliter le démontage nécessaire pour le nettoyer, l'inventeur en fera un instrument recherché.

Les États pontificaux ne laissent pas de se distinguer encore à l'Exposition universelle par les produits plus immédiats du sol de leurs diverses provinces.

L'horticulture de Rome et de l'Italie en général aurait eu de fort belles choses à exposer à Paris, elle qui a doté nos jardins d'hiver des plus belles nouveautés de camélias que nous avons pu apprécier dans l'établissement si bien assorti de MM. Le Michez frères; elle qui a enrichi nos parterres de superbes pivoines arborescentes, dont les cultures renommées de M. Modeste Guérin ont fait ressortir parmi nous le rare mérite. Mais elle s'est abstenue de concourir, du moins directement et par elle-même, à l'exposition florale, qui du reste est en dehors de notre admirable Exposition universelle. Nous le regrettons. Aussi, grâce au ciel, résolument retranché dans notre conscience, toujours fermement décidé à ne préconiser ou à ne critiquer

que ce qui doit l'être en bonne justice, attentif,
au lieu de vouloir forcer l'opinion, à régler la
nôtre sur celle de tous les cœurs droits et
honnêtes, nous ajouterons que nous ne sommes lié par aucun traité pour prodiguer l'é-
loge, jeter le blâme, garder inopportunément
le silence d'après le mot d'ordre de telle co-
terie ombrageuse et remuante, ou selon le
caprice de tel égoïste jaloux et méchant, et
nous espérons prochainement, dans une revue
spéciale que l'élite des amateurs et des hor-
ticulteurs sollicite et attend de notre expé-
rience et de notre impartialité, faire con-
naître, dans un intérêt général, et les nouveaux succès horticoles qui méritent d'être
applaudis, et les fâcheux inconvénients qui
sont devenus les vrais motifs d'abstentions
nombreuses.

En revanche, les grandes cultures et ex-
ploitations des États pontificaux se font remarquer au palais de l'Industrie et dans ses
annexes. L'Institut agricole de Ferrare riva-
lise avec la Société d'agriculture de Bologne,
et d'actifs industriels avec de riches propriétaires, pour donner une haute idée de leurs

soies gréges et de leurs chanvres, aussi bien que de leur alun, de leur argile céramique et autres matières premières.

Mais avant de passer outre, à défaut de fleurs naturelles pour reposer notre attention, jetons un coup d'œil sur les fleurs en cire de M. Pagliacci, de Rome, et de ses élèves, madame Jacometti et madame Guyétan. Ne dirait-on pas qu'il ne leur manque que le parfum, tant il y a de vérité dans les formes et de fraîcheur dans les coloris? Il est vrai que, sous des doigts ingénieux, et parée par d'adroits pinceaux, la cire se prête merveilleusement à tout imiter : mais des cocons de vers à soie, croirait-on que, sans les dévider ni les métamorphoser en tissus de nos incomparables fabriques lyonnaises, on puisse en faire aussi des fleurs dont il faut s'approcher assez près pour ne pas s'y tromper? Eh bien, les bonnes religieuses du couvent de Cosimato ont résolu le problème, et nous pouvons affirmer qu'il ne pouvait l'être avec plus de succès.

La culture des vers à soie était jadis peu répandue dans les États pontificaux, parce

que les mûriers n'y étaient pas abondants,
et qu'on y préférait la culture des céréales
et des légumes. Mais depuis que le Gouvernement pontifical a accordé des primes
à ceux qui cultivent sur une plus grande
échelle les arbres à fruits et spécialement les
mûriers et les oliviers, le commerce de la soie
a pris une extension considérable, dans toutes
les provinces des Marches et dans celles de la
Romagne. Les marchés de la soie grége et
même des cocons, qui ont lieu dans les mois
de juin et de juillet, sont devenus très-fré-
quentés par le double motif de leur abon-
dance et de leur bonne qualité.

Le Gouvernement pontifical a voulu prendre
un soin particulier de faire prospérer ce genre
de produits, eu égard surtout aux avantages
qui en résultent pour les pauvres fermiers
des Marches. A une époque encore peu éloi-
gnée de nous, voici à peu près vingt-cinq
ans, les fermiers cultivaient de moitié avec
les propriétaires, et ne récoltaient que des
blés, du vin et, tout au plus, un peu
d'huile. Aujourd'hui, il n'y a pas de ferme
où les femmes des paysans, jadis oisives aux

mois de mai et de juin, ne fassent, à leur bénéfice particulier, leur petite magnanerie (*piccole bigattiere*); et c'est assurément chose très-intéressante que de voir ces bonnes paysannes arriver dans les marchés, chargées de cocons rangés avec symétrie dans de grands paniers fabriqués exprès pour cet usage.

La vallée d'Iesi, province d'Ancône, est celle qui surpasse toutes les autres par la beauté de ses produits. C'est à son évêque, le cardinal Ostini, mort en 1850, que l'on doit l'entrain de cette contrée pour l'élevage des vers à soie, dont il donna lui-même l'exemple dans ses dépendances, afin d'assurer de plus amples moyens de subsistance à la partie pauvre de ses ouailles : c'est par lui aussi que fut créée l'*Académie d'agriculture des Marches*, qui a fait un bien notable dans le pays.

On confectionne peu de soieries dans les États romains ; les produits des magnaneries sont vendus en soies gréges, et le commerce s'en fait spécialement avec les grandes maisons de soierie d'Angleterre. Les soies romaines, si perfectionnées depuis quelque temps, ont des qualités bien reconnues qui les font préférer à plusieurs autres, et leur présence à l'Exposition universelle aura puissamment servi à constater plus solennellement le mérite qui les distingue ; celles surtout de MM. Beretta, Feoli, Oppi, le prince Simonetti, Briganti-Bellini, etc.

La culture des chanvres semble avoir toujours été le privilége de la province de Bologne, où elle a pris de singulières proportions et une grande activité ; et c'est de là qu'est venue, dans des temps déjà bien reculés, la richesse de cette Bologne, qui a été surnommée *Bologna la Grassa*.

MM. Facchini frères exposent du chanvre en tiges dans tous les degrés de préparation jusqu'à son emploi. La maison Trouvé et Ce présente de fort beaux échantillons de chanvres et d'étoupes de chanvres peignés.

Les chanvres forment aussi une des cultures spéciales de Ferrare ; et, comme le sol de cette province est le plus fertile des États pontificaux par les dépôts continuels qu'y laissent les rivières sans cesse débordées, et surtout le Pô, le chanvre y atteint des pro-

portions gigantesques de trois à quatre mètres
et plus, comme l'attestent les tiges exposées
dans l'Annexe par les soins de l'Institut agricole de Ferrare. Cette province est encore
dignement représentée à l'Exposition par le
chanvre peigné de M. Chailly, par les cordages
de chanvre de M. Balboni, et par les toiles
fines et toiles à voiles de M. Padoa.

M. Badini de Ferrare, et la Société agrono-
mique de Bologne qui ne recrute ses membres
que parmi les hommes réputés les plus probes,
les plus instruits et les plus zélés pour les inté-
rêts généraux du pays, ont eu la bonne pensée
d'envoyer à l'Exposition universelle deux collections, l'une brute et l'autre polie et vernie,
de plus de cinquante espèces de bois, prove-
nance du pays, et matière aussi excellente que
variée pour l'ébénisterie et la marqueterie.
Ces collections sont doublement intéressantes
à la science et à l'art, aussi bien qu'à la contrée
d'où elles proviennent et aux pays étrangers
qui ne cultivent pas les mêmes essences. La
comparaison des produits devenue facile, on
ouvre la voie de part et d'autre à s'enrichir

par de nouvelles cultures, si elles sont possibles, ou par le commerce s'il n'y a point
d'obstacles, des bois plus précieux qu'on ne
possède pas. Il est hors de doute que l'examen comparatif des collections remarquables
envoyées par divers États des deux Amériques,
par l'Espagne, par l'Algérie, ne fassent naître
bien des idées heureuses et ne donnent occasion à des échanges profitables, nous dirions
mieux, à des conquêtes inattendues.

Les bois de Ferrare et de Bologne, numéro-
tés et désignés par leurs noms latin et français,
sont placés dans l'annexe, tout près des deux
énormes blocs d'alun de roche, exposés par
S. E. Monseigneur Ferrari, ministre des finances des États pontificaux.

Cet alun est dit de roche, parce qu'il se
rencontre presque pur dans des mines ro-
cheuses où il est mélangé à d'autres matières,
et pour le distinguer de l'alun artificiel que l'on
extrait, par des procédés chimiques, de terres
argileuses qui le contiennent à l'état latent. Il
sort d'une délicieuse vallée dans le territoire de
la Tolfa, pays assez peuplé, distant d'environ trois lieues au nord de Civitta-Vecchia.

C'est une circonstance toute singulière, un vrai hasard, qui fit découvrir ce trésor de la nature au xve siècle. Un individu qui avait voyagé en Orient, parcourant les forêts de cette partie des États pontificaux, que l'on pourrait comparer aux plus petites et charmantes montagnes de la Suisse, fut tout étonné d'apercevoir une espèce de plante herbacée qu'il avait rencontrée en Asie dans une localité où se trouvait aussi de l'alun natif. En effet, un éboulement qui avait eu lieu dans une partie de cette vallée, lui fit découvrir, selon son pressentiment, et presque à la surface du sol, des mines naturelles d'alun, riches dans une proportion de 50 à 60 pour cent.

Pour obtenir l'alun pur et livrable au commerce, il faut faire subir aux pierres d'alun naturel diverses préparations, afin d'en séparer les matières étrangères. En dernier lieu, on le fait filtrer à travers des voûtes composées de poutrelles, où il se cristallise en forme de stalactites.

On exploita ces mines en les confiant à des entrepreneurs toscans. Les premiers furent les Chigi de Sienne; et c'est d'eux qu'est issue la grande famille qui a donné à l'Église le pape Alexandre VII et plusieurs cardinaux.

Jusqu'à ces derniers temps, c'est-à-dire jusqu'à l'époque où la science a découvert les moyens de produire artificiellement l'alun, le gouvernement romain a toujours continué de donner cette entreprise en location. L'établissement de l'exploitation a fait naître le village des Alunières.

L'alun des États pontificaux a eu une grande vogue, et servait particulièrement pour l'encollage des papiers, et pour fixer les couleurs employées par les teinturiers.

Ses qualités supérieures se révèlent par une transparence plus sensible et par un ton plus argenté; ses cristaux sont aussi plus réguliers et plus saillants. Comme le prix de l'alun artificiel est moins élevé, le commerce l'emploie de préférence, malgré son infériorité en qualités, et aussi parce que les pays étrangers à l'Italie ont fixé des droits très-forts pour l'importation de l'alun romain. Ce qui ajoute un grand prix aux deux morceaux, vraies pyramides, que l'on voit à l'Exposition, c'est l'extrême difficulté qui existe à ce que la stalactite devienne si colossale et si lourde, sans se détacher, par son propre poids, de la voûte où elle se cristallise.

Maintenant les mines d'alun de la Tolfa sont administrées par S. Excellence Monseigneur Ferrari, ministre des finances. Il serait à désirer que le Gouvernement pontifical avisât aux moyens d'en tirer un parti plus avantageux, ce qui lui serait facile. Sa sollicitude doit se reporter sur tant de choses à la fois, qu'il n'y a rien d'étonnant s'il lui arrive de ne pas donner toute l'attention désirable à ces mines qui peuvent cependant lui fournir des ressources positives.

Aujourd'hui on s'évertue à faire *argent de tout*, et il n'y a rien là que de très-légitime quand on le fait avec son bien propre, à l'aide de son industrie, et selon les principes d'ordre qui supposent l'esprit religieux et le respect des lois. On analyse même les terres pour leur donner une destination plus analogue à leur nature. Rome, qui a son célèbre ciment, a aussi ses argiles à céramique fort estimées. MM. Ossoli frères et Olivieri en donnent de recommandables échantillons en nature et façonnés.

L'argile, comme le plâtre, est employée dans les arts; malheureusement ces matières servent aussi à mille sophistications de produits d'une certaine valeur. On fait, du plâtre particulièrement, un usage frauduleux dont on ne se douterait guère, dans la fabrication du papier, en le mélangeant aux pâtes pour les rendre plus pesantes, au détriment sensible de la qualité. Si nos grands manufacturiers n'ont l'œil à proscrire sévèrement, ou du moins à tempérer et retenir dans certaines limites cet abus et bien d'autres, un fâcheux discrédit ne peut manquer de frapper l'une des branches les plus importantes de l'industrie française.

A en juger par les beaux papiers qu'expose M. Miliani, de Fabbriano, les papiers des États pontificaux, outre l'exemption de mélanges malencontreux des matières premières avec des ingrédients incompatibles et nuisibles, sont composés d'un choix de chiffons plus épurés.

La ville de Fabbriano est située dans une

charmante plaine entourée des Apennins les
plus élevés, ce qui fait que plusieurs rivières
qui se précipitent de ces hautes montagnes,
baignent son territoire en divers sens, et leurs
cours d'eau limpide ont donné lieu à sa richesse
industrielle. Quoique peu populeuse, cette ville
entretient cependant plusieurs centaines d'ouvriers étrangers, et son industrie la plus inté-
ressante est celle du papier. C'est la fabrique
de M. Miliani qui a fait la réputation des
papiers de Fabbriano. En effet, M. Miliani
fabrique ses papiers à la forme, et on lui doit
les plus grands et les plus solides papiers pour
gravure, lithographie et dessin.

Depuis quelques années la fabrication du
papier a pris un tel développement et s'est
tellement perfectionnée dans plusieurs provinces des États pontificaux, et particulièrement à Fabbriano, que les Romains se trouvent affranchis de l'onéreuse obligation de
s'approvisionner surtout en Toscane. Nous ne
devons pas taire ici que N. S. P. le pape
Pie IX, dans les années qu'il a voulu gou-
verner directement, même étant souverain
pontife, l'abbaye de Subiaco, a tout mis en

œuvre pour faire prospérer l'importante fabrique de papiers que possède cette ville, afin de procurer un travail incessant à ses ouvriers.

Nous n'avons pas tout dit. Nous aurions eu encore à signaler, dans les États pontificaux, bien des industries prospères et plusieurs produits exposés, sur lesquels nous regrettons de n'avoir pas de données assez précises : ainsi les bougies stéariques de MM. Muti-Pappazurri-Savorelli, la gélatine de M. Em. Montalti, le vinaigre séculaire de M. Bianconi, etc.; ou quelques objets isolés d'une importance fort secondaire, comme les tableaux en papier découpé de M. l'avocat Livizzani, la tête anatomique de M. Balbi, le plan d'une fontaine de M. Volpato, etc., qu'il suffit d'avoir portés et annotés sur le *Catalogue*.

On s'est aussi peut-être demandé pourquoi divers produits provenant du royaume des Deux-Siciles se trouvent casés parmi ceux des États pontificaux. En voici l'explication fort simple :

Le gouvernement des Deux-Siciles, dans sa

paternelle affection pour ses sujets, ayant appris que, malgré toutes les facilités accordées, seulement un petit nombre d'industriels du royaume se proposaient de prendre part à la grande lutte internationale de 1855 à Paris, et qu'ainsi le royaume des Deux-Siciles n'eût pas été suffisamment représenté à l'Exposition universelle pour y déployer son drapeau, a voulu néanmoins qu'on prît des mesures pour que les Napolitains et les Siciliens qui s'y étaient préparés, ne fussent pas privés de cette occasion solennelle de faire valoir leur industrie. En conséquence, la légation des Deux-Siciles près le gouvernement français, après s'en être entendue avec S. Ex. Msr Sacconi, nonce apostolique à Paris, a eu la satisfaction de voir M. le baron du Havelt, commissaire pontifical à l'Exposition, invité par un billet de la Nonciature, à vouloir bien donner l'hospitalité dans les compartiments des États pontificaux, aux quelques sujets des Deux-Siciles qui demandaient à exposer leurs produits. Le voisinage des deux nations et les bonnes relations qui existent entre elles, justifient pleinement cette mesure exceptionnelle.

Naples expose peu d'objets, il est vrai, mais au moins sont-ils presque tous bien caractéristiques, et ont-ils une renommée qui date de loin, si l'on en excepte le psalizomètre de M. Basile Scariano, de Palerme, petite machine, d'invention toute récente qui facilite singulièrement la coupe des habits. Le psalizomètre fait pour la première fois son entrée dans le monde industriel, mais avec honneur, aux yeux des experts les plus capables d'en juger. Il présente, en effet, l'avantage de fixer d'une manière précise les mesures de la personne que l'on habille, quelque défectueuse que puisse être la conformation des épaules et du torse. Avec lui, l'art, quelquefois si compliqué du tailleur, voit les plus épineuses difficultés aplanies, et l'on évite les essais et les retouches jusqu'à présent indispensables dans la confection des pièces soignées. Son usage n'entraîne aucune espèce de calcul, et, après en avoir observé nous-même l'application, nous devons le déclarer aussi simple qu'utile, et aussi ingénieux que simple.

Le citrate de chaux est un sel bien connu, composé de l'acide citrique avec la chaux pour base ; mais, ce qui est de nouvelle invention, relativement à l'échantillon qu'expose M. le baron Anca, de Palerme, c'est le procédé par lequel il l'obtient en grand, à un prix modéré de revient ; et voici l'avantage qu'il offre alors : Pour se procurer de l'acide citrique, dans les pays où l'on ne cultive pas le citronnier, on fait d'abord acheter en Sicile, ou dans d'autres localités spéciales, le jus de citron qu'il faut transporter à grands frais, et souvent au risque de fâcheuses avaries. Le citrate de chaux qu'obtient M. le baron Anca, dans ses fabriques qui ne sont encore montées qu'à l'état d'essai, est désséché par des procédés économiques, renferme 45 à 55 pour cent d'acide citrique cristallisable, et peut s'expédier sous un volume relativement peu considérable, à beaucoup moins de frais et sans laisser craindre aucune avarie. C'est donc là, sinon un produit absolument nouveau, du moins un progrès notablement utile dans la manière de l'obtenir.

Maintenant quel est le musicien violoniste, harpiste ou guitariste, qui ne connaisse les cordes de Naples. Leurs excellentes qualités

ont une réputation acquise et qui est passée
en proverbe. Il eût été à regretter de ne point
les rencontrer dans le concert universel de
toutes les industries. M. Clément di Bartolomeo, de Naples, en expose qu'il assure et
qui paraissent être ce qui peut se fabriquer de
mieux en ce genre. Il en donne les motifs :
Le climat de Naples favorise beaucoup les
diverses opérations qu'il faut faire subir aux
boyaux de jeunes agneaux pour arriver à les
convertir en cordes harmoniques, dont la perfection dépend aussi de la qualité de l'animal
et de l'époque de la fabrication. Les mois les
plus propices pour obtenir des cordes blanches et supérieures, comme celles exposées,
sont les mois d'août et de septembre. M. di Bartolomeo fabrique toute l'année, mais en réser-
vant pour les mois que nous venons d'indiquer
les cordes principales et les plus délicates.
Enfin ce qui relève encore le mérite des
cordes de M. di Bartolomeo, c'est de pouvoir allier toutes les qualités désirables de so-
norité, de force et de souplesse à des prix
fort modérés.

Les parfumeries, et spécialement les savons

de Naples, jouissent d'une réputation non moins justement acquise. On attribue la supériorité de ces savons aux eaux des montagnes volcaniques qui exercent une heureuse influence sur les matières premières, qu'il est aussi plus facile d'obtenir en qualités de choix. Par d'actives recherches, M. Génevois a perfectionné ses produits, surtout le savon à la guimauve, dit *Malavisca*, qui lui a valu une médaille d'argent à l'Exposition de Naples.

Enfin Naples est aussi célèbre pour ses produits en coraux. Le corail est l'une des plus belles et des plus précieuses productions de la mer. Le célèbre Linné le comprend dans le règne animal, en tête de ses Zoophytes (animaux-plantes). Travaillé, on le prendrait pour une pierre dure façonnée ; il présente, en effet, l'homogénéité, la dureté et l'éclat des agates ; il se polit comme les gemmes et brille comme le grenat avec les teintes de rubis. Dès la plus haute antiquité, l'éclat de sa vive couleur avait fixé l'attention des hommes qui avisèrent à s'en façonner des ornements.

La mode donne ou ôte la vogue au corail; mais son emploi reprend toujours faveur, parce que sa matière est réellement fort belle. Il est en outre l'un des objets de luxe que le commerce européen trouve le plus d'avantages à porter dans les Indes; les peuples noirs ou basanés le préfèrent à toute autre pierrerie.

Ce qu'on appelle vulgairement *Corail blanc* et *Corail noir*, n'est vraiment pas du corail, mais appartient à d'autres genres de zoophytes. Le corail se trouve dans presque toute l'étendue de la Méditerranée, à partir des côtes de France où il est rare. La côte d'Afrique est le parage où le corail est le plus beau, le plus répandu et le plus considérable dans ses dimentions. Celui des bords méridionaux de l'Europe est d'une couleur plus vive.

M. Ant. Avolio, de Naples, expose un grand nombre d'objets en coraux les plus estimés et les plus beaux de couleur, fort gracieux de dessin, et exécutés par les premiers artistes de Naples. Il n'est pas inutile de faire remarquer que plusieurs bijoutiers de différentes nations ont aussi exposé des coraux, mais qui sortent en majeure partie des ateliers de M. Avolio.

D'après ce que nous venons de dire, il est évident que si les produits des États pontificaux, à l'Exposition universelle, sont relativement peu nombreux, et ceci doit s'entendre des produits des Deux-Siciles, ils ne laissent pas néanmoins d'avoir leur grande valeur et leur signification assez solennellement exprimée.

Au reste, il faut que ces produits inspirent au public un intérêt tout particulier, pour qu'ils soient l'objet d'une attention plus prononcée de la part de la généralité des visiteurs.

C'est le concours de curieux, s'arrêtant sans cesse dans les compartiments des États pontificaux, et aussi le désir de rendre un hommage éclatant aux États de l'Église et à la ville sainte que la foi nous désigne comme le foyer de la lumière du monde, qui ont inspiré à M. le baron de Bourgoing, sénateur et ancien ambassadeur, la pensée de se faire

autoriser à exposer, dans les mêmes compartiments le magnifique lustre sur lequel tous
les regards se portent avec admiration.

Ce lustre, d'environ deux mètres vingt-cinq
centimètres de hauteur, a, dans sa partie supérieure, six girandoles à quatre branches,
alternant avec six autres à une seule bobèche,
en bronze doré, de construction élégante, et
portant en tout trente bougies qu'environnent
une myriade de cristaux de roche. Le gland
du bas est une énorme poire également en
cristal de roche. Entre ce gland et le lumi-
naire, sont suspendues deux belles couronnes, l'une d'à peu près un mètre quarante
centimètres de diamètre; et l'autre, placée au-
dessous, plus petite, n'ayant que soixante-dix
centimètres de diamètre. Ce sont ces couronnes
qui étonnent par leur richesse et le goût qui
a présidé à leur composition. Elles sont for-
mées de fleurs et de fruits de toute espèce,
imitées par les pierres fines les plus précieuses, et enlacées de feuillages en vermeil.
Ainsi, on y voit des raisins bleus-noirs en la-
pis-lazuli de Perse, des raisins violets-clairs
en améthyste, des raisins blancs en topaze,

des poires en jaspe vert, une poire énorme
en topaze, des pommes en chrysoprase et
en grenat, des prunes en saphir et en éme-
raude, des cerises en cornaline rouge, des
groseilles en rubis, des roses en agate car-
née, pierre fort rare, enfin une foule de fleurs
en pierres les plus estimées. On évalue la
valeur intrinsèque de ce lustre à une cin-
quantaine de mille francs.

Il a fallu à M. le baron de Bourgoing bien
des recherches persévérantes pour parvenir
à trouver les pierres précieuses peut-être un
peu trop entassées dans cette merveille de
son invention, à laquelle il donne, en cette
circonstance, la destination la plus honorable.
Aussi faut-il dire que si l'admiration du public connaisseur ne lui fait pas défaut, les
sympathies des hommes de foi doivent mettre
le comble à sa satisfaction.

C'est encore par un sentiment fort louable

(1) M. de Bourgoing appartient à la famille du célèbre P. Bourgoing, l'un des fondateurs et le troi-
sième général de l'ordre de l'Oratoire, pour la fonda-
tion duquel il s'associa au cardinal de Berulle et au
P. Gondrin. Bossuet prononça l'oraison funèbre du
P. Bourgoing.

d'une piété éclairée, que le vénérable patriarche de Jérusalem, monseigneur Valerga, a adressé, pour être placés parmi les produits des États pontificaux, à l'Exposition, les deux bas-reliefs en ronde-bosse, sculptés sur pierre tendre par un catholique de Béthléhem, Dazeik. A part la création des modèles en plâtre de la *Descente de Croix* et de la *Résurrection*, qu'il n'a fait que copier, nous sommes convaincu que plus d'un de nos praticiens exercés ne laisseraient pas d'applaudir au talent de reproduction de l'artiste oriental, en songeant surtout que Dazeik n'a eu, pour achever son travail, que la pointe d'un couteau.

Rome, dépositaire des vérités saintes et dispensatrice des trésors divins; Rome, reine du monde par la grâce qui l'environne et par le regard du Très-Haut qui veille sur elle comme sur sa cité de prédilection; Rome n'aurait point à envier d'autre gloire. Cependant, ses produits à l'Exposition universelle, même incomplets qu'ils sont, ne laissent pas de lui faire honneur. Elle a ses savants, ses artistes, ses industriels qu'elle encourage de tout son pouvoir. Loin d'être l'ennemie des lumières, comme certains esprits égarés se plaisent à le dire, elle les provoque, et ne repousse que celles dont l'enfer se réserve d'allumer les lugubres flambeaux. Si elle a moins de ces industriels qui alimentent des machines, faudrait-il lui faire un reproche d'en avoir davantage qui nourissent des bras? surtout lorsqu'elle applaudit à tous les progrès légitimes qui font la richesse et le bien-être des nations, et ne condamne que ces progrès lamentables qui sèment partout le scandale et la ruine. Du haut de son immortel Vatican, la charité du Vicaire de Jésus-Christ embrasse l'univers d'un regard de bonté qui ne saurait que bénir et édifier, et réunir les hommes de toutes les conditions dans une sainte et même émulation du bien. C'est de son sein que part la parole toujours puissante du Chef de l'Église, qui va porter, jusqu'aux extrémités du monde, la paix, la vérité et la vie aux hommes de bonne volonté. Enfin, c'est dans ses murs que les vertus et les mains sacrées de l'auguste Pontife qui a la charge de toutes les âmes, s'élèvent sans cesse au ciel pour remplir les

cœurs des fidèles d'espérance et de joie, et
appeler la miséricorde et le pardon, même
sur les ingrats qui méconnaissent leur père!

Mais laissons le volcan vomir ses laves, et
l'impiété le venin de ses désolantes doctrines;
laissons l'ouragan furieux se déchaîner contre
le cèdre élevé qui couvre la terre de son
ombre bienfaisante, et l'esprit de scandale
contre l'arbre majestueux sous lequel viennent
s'abriter les âmes; laissons les flots s'enfler et
menacer d'engloutir le navire surpris par la
tempête, et l'élément révolutionnaire s'agiter
autour du vaisseau de l'Église : ce que Dieu
garde est bien gardé, et c'est Jésus, qui, par-
lant en maître tout-puissant, a dit de la bar-
que de Pierre : « Les portes de l'enfer ne pré-
vaudront jamais contre elle! »

Dieu soit béni! La sollicitude du Gouvernement romain, si bien partagée par Son
Excellence monseigneur le Nonce apostolique à Paris; le zèle qu'a déployé M. le baron du Havelt pour faire ranger et apprécier
convenablement les produits des États pontificaux; les peines sans nombre que s'est données,

pour seconder ses efforts, **M.** le consul Hélouis-Jorelle, ancien représentant de la France à Jérusalem ; le concours actif que nous nous estimons heureux nous-même d'avoir pu lui prêter, ont atteint leur but : Rome s'est révélée ce qu'elle est, et, tout pesé dans la balance, il se trouve qu'ostensiblement et de fait, comme aussi moralement et sans qu'il y paraisse, elle prend à l'œuvre de la civilisation des peuples, une part qui, certes, n'est pas la moindre ; et il nous est bien permis, pour la louer ici, d'emprunter les paroles du Fils de Dieu à la sœur de Marthe : *Meliorem partem elegit, quæ non auferetur ab eâ,* elle a choisi la meilleure part que rien ne saurait lui ravir.

Paris, le 8 septembre 1855.

C. M. Le Guillou.

—

P. S. — Qu'il nous soit permis d'exprimer ici notre gratitude personnelle particulièrement à M. Audley, attaché au commissariat général de l'Exposition universelle, et à MM. les inspecteurs d'Antist et Duranton, de leur obligeance empressée à nous faciliter l'accomplissement de notre tâche.

CATALOGUE.

—

Dans le Catalogue, nous renvoyons à l'Introduction, ayant soin d'en indiquer la page, quand il s'agit d'un produit que nous y mentionnons.

Nous indiquons encore si le produit est placé dans l'Annexe, par la parenthèse (*Annexe*): ou, s'il est placé au Palais de l'Industrie, par la parenthèse (*Palais*). Il est bien entendu que c'est toujours dans les compartiments affectés aux États pontificaux. Au Palais de l'Industrie, le compartiment des États pontificaux est situé dans la galerie supérieure, à l'angle nord-est, ayant vue sur la grande galerie du milieu. A l'Annexe, il est placé à une centaine de mètres, à droite de l'entrée principale qui fait face à la partie sud-est du jardin des Tuileries (nº 17).

Si l'on veut se reporter, dans le Catalogue, à un produit dont parle l'Introduction, il faut prendre le nom de l'exposant, et consulter la *Table Alphabétique* qui suit le Catalogue. A chaque nom, se trouvent le numéro d'ordre qui lui est attribué, la classe qu'occupent ses produits, et la page.

Les numéros *bis, ter, quater*, ne sont que des numéros de convention que nous avons introduits, dans la seconde partie, pour faciliter les recherches ; mais ils sont toujours suivis des numéros vrais se rapportant au Catalogue général officiel.

ÉTATS PONTIFICAUX.

COMMISSAIRE : M. le baron DU HAVELT ✳, commandeur de l'ordre pontifical de Saint-Grégoire le Grand.

COMMISSAIRE *adjoint :* M. HELOUIS-JORELLE, O ✳, consul honoraire.

JURÉ pour la section des Beaux-Arts : — *Sculpture :* M. LOUIS CALAMATTA ✳, correspondant romain de l'Institut de France.

PREMIÈRE PARTIE. — BEAUX-ARTS.

—

PEINTURE.

AGNENI (Eugène), né à Rome, élève de
Goghetti, de Bergame; — à Paris, rue
Pigale, 77.

665. — ÈVE effrayée à la vue du serpent qui lui
rappelle sa première faute.—Tableau commandé
par le marquis Ala-Ponsoni de Milan.

666. — PHASES DE L'ENFANCE : six dessins, les premiers d'une collection qui a pour titre : *Phases
de la Vie humaine*. — Ces cartons ont été exécutés à fresque dans un salon du palais de
M. Rocca, à Gênes, où l'auteur a fait beaucoup
d'autres travaux du même genre.

BOMPIANI (Robert), né à Rome, élève de l'Académie de Saint-Luc ; — à Rome, via San-
Claudio, 86.

667.—VIRGILE ET LE DANTE transportés par Gérione.
Sujet de la *Divine Comédie* du Dante.

668. — LA VIERGE ET L'ENFANT JÉSUS.

CAVALLERI (le chevalier Ferdinand), peintre du
cabinet de S. M. le roi de Sardaigne;

membre de l'Académie de Saint-Luc, de Rome, et de plusieurs autres académies.

669.— Le Prophète Jérémie.—Peinture exécutée à l'aide d'un procédé de coloris retrouvé par le chevalier Cavalleri, et nommé par lui : *Peinture bichromographique.*

Leighton (Frédéric), né à Scarbro, élève de M. Edouard Steinle, de Francfort.

670. — Réconciliation des familles Montecchi et Capulet, en présence des cadavres de leurs enfants.

Medici (François), né à Bologne ; — à Bologne ; et, à Paris, rue de Buffaut, 24.

Voyez l'Introduction, page 10.

671. — Onze miniatures sous le même numéro :

1. Madone. — Prix : 300 fr.
2. Madone, d'après Francesco Francia. — Prix : 300 fr.
3. L'Annonciation, d'après Francesco Francia. Prix : 1,000 fr.
4. La Dolorata, d'après Guido Reni. — Prix : 250 fr.
5. L'Ange, d'après le Pérugin. — Prix : 250 fr.
6. Sainte Cécile , d'après Raphaël. — Prix : 2,000 fr.
7. La Poésie, d'après Carlo Dolci.— Prix : 300 fr.
8. Cléopatre, d'après Guido Reni.— Prix : 600 fr.
9. Une Académie, d'après le Titien.—Prix : 500 fr.
10. Autre Académie, d'après le Titien. — Prix : 500 fr.

11. PORTRAIT DE MADAME LEBRUN, d'après l'ori-
    ginal de la galerie de Florence. — Prix :
    500 fr.

PACETTI (le chevalier Michel-Ange), à Rome.

2327. — VUE de la place Saint-Pierre du Vatican au moment de la distribution des drapeaux
de l'Empire remis à l'armée française par le
général Gémeau.

PODESTI (le chevalier François), peintre d'his-
toire et professeur, à Rome.

Voyez l'Introduction, page 10.

672. — LE SIÉGE D'ANCÔNE, sous Frédéric Barberousse, en 1160. — Prix : 18,000 fr.

La ville d'Ancône, portée au désespoir par l'armée de Frédéric Barberousse, qui la tenait rigou-
reusement assiégée, était sur le point de traiter
à des conditions fort dures, que Christian grand
chancelier de l'empire venait de lui imposer,
quand, en plein conseil communal, se leva un de
ses membres, octogénaire et aveugle qui, par un
langage énergique, relevant ses concitoyens de
leur frayeur, les détermina à n'accepter aucun
traité, et d'attendre des renforts de la Romagne, qui
les aideraient à repousser et à dérouter l'ennemi.
Dans ce tableau, l'aveugle, soutenu par ses deux
neveux, après avoir quitté le palais communal
avec ses collègues, leur fait jurer sur les drapeaux
de la patrie, de vaincre ou de mourir. Placé au
milieu d'eux, il s'engage par serment à aller in-
cendier les machines de guerre; résolution qu'il

accomplit bientôt selon sa promesse. Auprès de l'aveugle, se trouve le chargé d'affaires de Constantinople qui, à cette époque, faisait encore partie de l'empire d'Orient. Au fond du tableau, à gauche, on distingue les parlementaires ennemis qui viennent d'être chassés. — Ce tableau est placé beaucoup trop haut pour être bien vu comme il devrait l'être. Ici, nous devons naturellement mentionner une remarque que nous avons entendu faire à un étranger : « Quand une nation aussi
» généreuse que la France, disait-il, invite les
» peuples voisins à un concours aussi solennel,
» on devrait réunir dans un grand salon d'honneur, au moins un tableau, au choix de chaque
» gouvernement, pour pouvoir bien comparer les
» genres, et, en tout cas, placer les tableaux importants dans leur vrai jour et à une élévation
» qui leur aille. »

SOUSLACROIX (Gabriel-Charles-Frédéric), né à Montpellier (Hérault) ; — à Rome, via della Frezza, 30.

673. — LA SAINTE VIERGE ; dessin.

674. — ECCE HOMO ; dessin.

675. — SAUL ET LA PYTHONISSE évoquant l'ombre de Samuël ; dessin.

676. — LA TÊTE DE JÉSUS en croix.

TOSI (le chevalier François-Marie).

677. — DESSIN à la plume des magnifiques portes en bronze de la basilique de Saint-Pierre du Vatican. — Le pape Eugène IV, voulant perpétuer la mémoire du concile de Florence et de la

réunion de l'Église grecque à l'Église romaine,
qui eut lieu dans ce concile, fit la commande de
ces portes au célèbre sculpteur florentin Antoine
Filarète, qui se fit aider, pour en composer les
modèles, par Simon, frère du Donatello. Elles
furent coulées en bronze par les frères Polla-
puoli. — Ce dessin porte 90 centimètres de hauteur sur 50 de largeur.

DEUX-SICILES.

FRANCESCO (Benjamin de), né à Naples, et résidant à Paris, place du Louvre, 18; a obtenu
une médaille de 3e classe (paysages).

536 .— VUE DE BRETAGNE; paysage.
537. — AUTRE VUE DE BRETAGNE.

PARIS (François-Joseph), né à Naples, élève de
V. Bertin et de M. Gosse; résidant à Paris,
rue de l'Entrepôt-des-Marais, 33; a obtenu
une médaille de 3e classe (animaux).

538. — VACHES DANS UN CLOS.
539. — INTÉRIEUR DE BERGERIE.
539 *bis*. — UN ANE CHARGÉ DE BOIS.

PATANIA, né à Palerme, élève de son père;
— à Paris, rue des Martyrs, 14.

540. — PORTRAIT DE MADAME ***.

SCULPTURE.

Benzoni (Jean-Marie), né à San-Gavazzo (Bergame), élève de l'Académie de Saint-Luc ; — à Rome, via del Borghuetto, 75. — Médaille à Londres, en 1851.

Voyez l'Introduction, page 10.

678. — L'Amour maternel ; groupe en marbre de 80 centimètres de hauteur. — Un enfant est assailli par une chienne qui lui voit un de ses petits sous le bras. — Prix : 4,000 fr.

679. — La Bienfaisance ; groupe en marbre. — Une jeune fille retiré une épine de la patte d'une petite chienne qui, par reconnaissance, lui lèche la main. — Prix : 4,000 fr.

680. — Saint Jean-Baptiste enfant, jouant avec son petit agneau ; groupe en marbre. — Prix : 3,000 fr.

681. — L'Espérance en Dieu ; statue en marbre. Prix : 3,500 fr.

682. — Ève tentée par le Serpent ; statue modèle en plâtre. — Cette statue est partie principale d'une grande composition où se trouvent : 1. la *Création dÈ've* ; 2. le *Bonheur du Paradis terrestre* ; 3. l'*Expulsion d'Adam et d'Ève du jardin de délices* ; 4. la *Mort d'Abel, conséquence du péché.* — Cette œuvre importante se trouve terminée en marbre, dans les ateliers de l'auteur, au prix de 20,000 fr.

683. — Pie V ; statue modèle en plâtre.

Bienaimé (Louis), né à Carrare; membre de
l'Académie de Saint-Luc, à Rome.

Voyez l'Introduction, page 10.

684. — Apothéose de Napoléon Ier; buste en
marbre, avec aigle et couronne.

Bonnardel (Pierre-Antoine-Hippolyte), né à
Bonnay (Saône-et-Loire); élève de M. Ra-
mey et de M. Dumont. — Premier grand
prix de Rome (sculpture), 1851.—à Rome.

685. — Ruth; statue en marbre.

Gibson (John), élève de Canova; membre de
l'Académie de Saint-Luc, des académies de
Londres, de Munich, de Saint-Pétersbourg
et de Turin; — à Rome.

686. — Un Chasseur; statue en plâtre. — Cette
statue n'est pas encore arrivée.

687. — Une Amazone blessée; statue en plâtre.

Stattler (Henri), né à Cracovie (Pologne au-
trichienne); — et actuellement habitant
Rome.

688. — Le général baron Chtaporoski; buste
en marbre.

Wolff (Emile), né à Berlin (Prusse); élève de
M. G. Schadow, chevalier de l'ordre de
l'Aigle-Rouge.

689. — Canéphore; statuette composée en bronze
et en marbre.

Imitation de la sculpture coloriée à la manière des anciens.

690. — Une Statuette de Femme, en marbre. — Cette statue n'est pas encore arrivée.

DEUX-SICILES.

Lanzirotti (Ant.-Jean), né à Naples, élève de l'école de Palerme et de M. Pollet ; — à Paris, rue de Boulogne, 23.

541. — Érigone et Bacchus; groupe en plâtre.

GRAVURE.

BIORDI (M. le comte), Romain; — résidant à Florence.

DESCENTE DE CROIX, d'après le tableau du chevalier Segueïra, peintre espagnol, gravée par un nouveau procédé de son invention.

CALAMATTA (Louis), né à Civitta-Vecchia (Etats Romains); élève de Marchetti et de Giangiacomo; correspondant romain de l'Institut de France. — Médaille de 1re classe et ✳ en 1837.—Paris, rue J.-J. Rousseau, 3.

Voyez l'Introduction , page 11.

4610. — LA VIERGE A L'HOSTIE, dessin d'après M. Ingres.

4611. — LA VISION D'ÉZÉCHIEL, dessin d'après Raphaël.

4612. — LA PAIX, d'après Raphaël.

4613. — LE VŒU DE LOUIS XIII, gravure d'après M. Ingres.

4614. — LE MASQUE DE NAPOLÉON Ier.

4615. — LA JOCONDE, d'après Léonard de Vinci.

4616. — FRANÇOISE DE RIMINI, d'après M. Ary Scheffer.

4617. — PORTRAIT DU DUC D'ORLÉANS, d'après M. Ingres.

4618. — Portrait du roi d'Espagne, d'aprè
M. J. de Madrazo.

4619. — Portrait de M. Guizot, d'après M. Pau
Delaroche.

4620. — Portrait de M. le comte Molé, d'aprè
M. Ingres.

4621. — Un Cadre contenant dix-neuf portraits.

DEUXIÈME PARTIE. — INDUSTRIE.

—

PREMIÈRE CLASSE.

Art des Mines et Métallurgie.

1. — Martinori (frères), de Rome. (*Annexe.*)

Sable quartzeux trouvé dans une partie de la plage
de l'Adriatique, propre à polir les fers et les
pierres dures et à en rendre la coupe plus facile
qu'à l'émeri, et d'un moindre prix de revient.

**2. — S. Exc. Mgr. Ferrari, ministre des fi-
nances des États pontificaux, à Rome,
représenté par M. l'abbé C. M. Le Guillou,
rue de Monsieur, 5, à Paris. (*Annexe.*)**

Voyez l'Introduction, page 35.

Deux superbes blocs d'alun de roche, mesurant chacun 1 mètre de hauteur sur 38 centimètres de
diamètre.

3. — Orsini (Antoine), à Ascoli. (*Annexe.*)

Trois bocaux plats remplis de carbonate de chaux
pour polir les métaux et les pierres.

2e CLASSE.

Art forestier, Chasse, Pêche et récolte des produits obtenus sans culture.

4. — SOCIÉTÉ D'AGRICULTURE de la province de Bologne, à Bologne. (Voyez aussi la 3è classe, page 73) (*Annexe.*)

Voyez l'Introduction, page 34.

COLLECTION de cinquante-six échantillons vernis DU BOIS des divers arbustes et arbres cultivés dans la province.

1. *Quercus robur*, chêne rouvre, chêne à glands sessiles.
2. *Quercus pedunculata*, chêne à grappes.
3. *Ilex aquifolium*, houx commun.
4. *Quercus cerris*, chêne cerris.
5. *Populus nigra*, peuplier noir.
6. *Radix præcedentis*, racine du précédent.
7. *Populus fastigiata*, peuplier pyramidal.
8. *Populus alba*, peuplier blanc.
9. *Juglans regia*, noyer royal.
10. *Juglans maculata*, noyer maculé.
11. *Acer campestris*, érable commun.
12. *Acer negundo*, érable à feuilles de frêne.
13. *Ulmus campestris*, orme.
14. *Radix præcedentis*, racine du précédent.
15. *Fagus sylvatica*, hêtre.
16. *Fagus castanea*, châtaignier.
17. *Morus alba*, mûrier blanc.
18. *Morus papyrifera*, mûrier à papier.
19. *Salix alba*, saule blanc.

20. *Salix Babylonica*, saule de Babylone ou saule pleureur.
21. *Fraxinus excelsior*, frêne élevé.
22. *Olea Europœa*, olivier d'Europe.
23. *Tilia Europœa*, Tilleul.
24· *Platanus Orientalis*, platane d'Orient.
25. *Cupressus sempervirens*, cyprès toujours vert.
26. *Carpinus betulus*, charme commun.
27. *Pinus pinea*, pin pignon.
28. *Alnus glutinosa*, aune glutineux.
29. *Prunus cerasus*, cerisier.
30. *Sorbus domestica*, sorbier-cormier.
31. *Pyrus communis*, poirier.
32. *Amygdalus Persica*, pêcher.
33. *Prunus domestica* (*vulgo* biricocolo), prunier.
34. *Amygdalus communis*, amandier.
35. *Prunus Armeniaca*, abricotier.
36. *Ficus Carica*, figuier.
37. *Mespilus Germanica*, néflier.
38. *Zizyphus vulgaris*, jujubier commun.
38 bis. *Zizyphus* (autre espèce).
39. *Laurus nobilis*, laurier d'Apollon.
40. *Laurus cerasus*, laurier-cerise.
41. *Buxus sempervirens*, buis toujours vert.
42. *Robinia pseudo-acacia*, robinier blanc.
43. *Gleditzia triacanthos*, févier d'Amérique.
44. *Corylus avellana*, noisetier.
45. *Cratœgus oxyacanthus*, aubépine.
46. *Melia azedcrach*, lilas des Indes.
47. *Bignonia catalpa*, bignone catalpa.
48. *Sambucus nigra*, sureau.
49. *Rhamnus catharticus*, nerprun purgatif.
50. *Pyrus malus*, pommier.
51. *Cercis siliquastrum*, guaînier commun.

52. *Juniperus communis*, genévrier commun.
53. *Hybiscus Syriaca*, kethmie ou althéa en arbre.
54. *Syringa vulgaris*, lilas.
55. *Hedera helix*, lierre grimpant (Voyez encore la 3e classe).

5. — BADINI (le chevalier R.), à Ferrare. (*Annexe.*)

Voyez l'Introduction, page 34.

COLLECTION de trente-neuf échantillons bruts, sous écorce, du bois des divers arbustes et arbres cultivés dans le bois de la Mesola, province de Ferrare.

1. *Populus alba*, peuplier blanc.
2. *Pinus pinea*, pin pignon.
3. *Juniperus communis*, genévrier commun.
4. *Fraxinus ornus*, frêne à fleurs.
5. *Ulmus campestris*, orme.
6. *Betula alba*, bouleau.
7. *Fraxinus excelsior*, frêne élevé.
8. *Quercus robur*, chêne rouvre.
9. *Quercus ilex*, chêne vert.
10. *Carpinus betulus*, charme commun.
11. *Populus nigra*, peuplier noir.
12. *Pyrus malus*, pommier.
13. *Sorbus sylvatica*, sorbier-cormier.
14. *Acer campestris*, érable commun.
15. *Pyrus communis*, poirier.
16. *Celtis australis*, micoucoulier austral.
17. *Cornus sanguinea*, cornouiller fernelle.
18. *Cratægus monogyna*, alisier monogyne.
19. *Salix alba*, saule blanc.
20. *Paliurus*, palyure.

21. *Koelreuteria paniculata*, savonier paniculé.
22. *Betula*, bouleau.
23. *Phyllirea latifolia*, filaria à larges feuilles.
24. *Prunus sylvestris*, prunier sauvage.
25. *Vitis lambrusca*, vigne sauvage.
26. *Ribes uva crispa*, groseiller épineux.
27. Vulgo *unghia di gatto*.
28. *Cornus mascula*, cornouiller mâle.
29. *Ligustrum vulgare*, troëne commun.
30. *Hyssopus*, hyssope.
31. *Ilex caprifolium*.
32. Vulgo *Vetta*.
33. *Populus fastigiata*, peuplier pyramidal.
34. *Morus alba*, mûrier blanc.
35. *Salix*, saule.
36. *Acer pseudo-platanus*, érable faux-platane.
37. *Salix (species altera)*, saule (autre espèce).
38. *Salix caprea*, saule marceau.
39. *Tamarix Gallica*, tamarisc de Narbonne.

6. — BOCCACCINI (D.), à Ravenne. (*Annexe.*)

POMMES DU PIN-PIGNON (*Pinus pinea*) et graines comestibles provenant de ces pommes.

—

3ᵉ CLASSE.

Agriculture, y compris toutes les cultures de végétaux et l'élevage des animaux domestiques.

7. — AVENTI (le comte Fr. M.), Ferrare. (*Annexe.*)

PETITE HERSE EN FER, s'adaptant à la charrue de Dombasle. — M. le comte Aventi, après de sé-

rieuses recherches pour faciliter les ensemence-
ments, a imaginé cette adjonction à la charrue
de Dombasle, et en obtient un travail mieux fait,
avec économie de temps et de main-d'œuvre.

8. — CHAILLY (G.), à Ferrare. (*Palais.*)

Voyez l'Introduction, page 34.

ÉCHEVAUX DE CHANVRE PEIGNÉ, provenant des cultures de l'exposant et travaillé sous sa direction.

9. — INSTITUT AGRICOLE de Ferrare, à Ferrare, représenté par M. le professeur Botter, directeur de l'Institut. (*Annexe.*)

Voyez l'Introduction, page 33,

ÉPIS DE FROMENT de l'espèce *Triticum sativum hy-
bernum.* Grains de la même espèce.

SIX ÉPIS de *Maïs turgida,* cultivé à Ferrare : échantillon de *Maïs estiva.*

Le Maïs, dit aussi *blé de Rome, blé de Tur-
quie, blé d'Inde,* est une graminée que l'Europe
a reçue de l'Amérique. Les variétés en sont
assez nombreuses, et se distinguent particulièrement par les rangées de grains qu'offre l'épi, et
par la grosseur et la couleur du grain, qui est
jaune, blanche, violette et quelquefois bigarrée.
L'essentiel, dans les grandes cultures, c'est de
savoir faire choix des variétés les plus produc-
tives et les plus savoureuses. Le deux variétés
exposées par l'Institut agricole de Ferrare sont
des plus estimées. Le *Maïs turgida* résiste singulièrement à la sècheresse.

GRAINES DE CHANVRE commun; GRAINES DE CHANVRE de Manille; TIGES et FILASSE de chanvre.

Le Chanvre de Manille n'est qu'une variété plus forte du Chanvre commun (*Cannabis sativa*), Le Chanvre de Chine, Chanvre gigantesque, est une espèce différente dont les graines noirâtres diffèrent du Chanvre d'Europe. Le Chanvre de Chine donne une belle filasse; il est depuis quelques années cultivé avec succès en Algérie; bientôt il le sera probablement aussi dans le midi de la France et en Italie, où il aura une chaleur suffisante pour mûrir ses graines. La filasse qu'expose l'Institut de Ferrare est considérée comme l'une des plus belles de l'exposition.

GRAINES D'UNE VARIÉTÉ DE RICIN beaucoup plus belle que le ricin ordinaire.

Le Ricin, de la famille des euphorbiacées, a plusieurs espèces qui, à la Jamaïque, forment des arbrisseaux de plusieurs mètres; en Europe, on ne cultive guère que le Ricin commun, connu sous le nom de *Palma-christi*, à cause des grandes articulations de ses feuilles palmées. Les semences de Ricin, presque semblables à de moyens haricots, sont oblongues, un peu aplaties, luisantes, d'un gris tacheté de noir. Elles contiennent une huile purgative devenue fort usitée en médecine. Celles qu'expose l'Institut agricole de Ferrare, sont le fruit d'une très-belle plante obtenue de semis, à tige sanguine, que pour cette raison M. le professeur Botter, de Ferrare, a qualifiée *Ricinus communis sanguineus*. Cette variété nouvelle est beaucoup plus productive.

9 *bis* (4). — SOCIÉTÉ D'AGRICULTURE de la pro-

vince de Bologne, à Bologne. — Voyez aussi la 2ᵉ classe, page 68. (*Annexe.*)

Épis de riz d'Amérique ; riz mondé.

On ne connaît qu'une seule espèce de Riz *Oriza sativa* de l'Inde, mais on en compte un grand nombre de variétés qui ne diffèrent guère entre elles que par la forme du grain. Le Riz vient dans les terrains humides, pourvu que le climat soit assez chaud. On le cultive beaucoup en Italie ; et celui de la province de Bologne est estimé.

—

9ᵉ CLASSE.

Industrie concernant l'emploi économique de la chaleur, de la lumière et de l'électricité.

9 *ter* (38). — Muti-Pappazurri-Savorelli (le marquis Al. et le comte Ant.) à Rome.— Voyez aussi la 24ᵉ classe, page 94. (*Annexe.*)

Bougies stéariques d'une qualité supérieure.

—

10ᵉ CLASSE.

Produits chimiques, Papiers, etc.

10.—Bottoni (le Dʳ C.), à Ferrare. (*Annexe.*)

Tartrate acide de potasse ou *Bitartrate de potasse*, ou vulgairement *Crème de tartre*.

Les tartrates, à base de chaux et de potasse particulièrement, sont très-répandus dans les vé-

gétaux, et surtout dans les raisins, les mûres, les
betteraves, etc. On désigne, par *Tartre*, le dépôt
que forment les vins en vieillissant, et qui s'at-
tache aux parois des tonneaux ou des bouteilles,
rouge ou blanc, suivant la couleur du vin. Il se
compose en majeure partie de *Bitartrate de potasse* mélangé à du tartrate de chaux et à de
la matière colorante. Purifié par la dissolution
dans l'eau, suivie de cristallisations réitérées, il
prend le nom de *Crème de tartre*. Les échantillons qu'exposent **M.** Bottoni et **M.** Finzi-Ma-
grini, paraissent bien élaborés et d'une excellente qualité.

11. — FINZI MAGRINI (B. S.), à Ferrare. (*Annexe.*)

TARTRATE ACIDE DE POTASSE.

11 *bis* (44). — ANCA (le baron Fr.), à Palerme;
rue de La Bruyère, 24, à Paris. (*Annexe.*)

Voyez l'Introduction, page 44.

ÉCHANTILLONS DE CITRATE DE CHAUX, dont on extrait
l'acide citrique pur, provenant de deux établisse-
ments d'essai, récemment fondés à Palerme et à
Messine.

11 *ter* (45). — GENEVOIS (Félix), parfumeur,
savonnier, à Naples, rue de Tolède, 92;
représenté, à Paris, par M. Hériez, rue
Sainte-Croix-de-la-Bretonnerie. (*Annexe.*)

Voyez l'Introduction, page 46.

SAVONS PARFUMÉS et autres; Crèmes de savon à divers parfums; Huiles parfumées; Vinaigre de toi-

lette; Eau de Cologne; Pommades fines; Eau de fleur d'Oranger; Liqueurs de première qualité,etc.

Ses prix sont très-modiques, et cela doit être par la facilité de se procurer d'excellentes matières premières à des conditions plus avantageuses; mais les frais de douane les augmentent sensiblement, en étant de 164 fr. les cent kilos, par navire.français, et 174 fr. par navire étranger.

11 *quater* (46).—MONTALTI (Em.), à Bologne. (*Annexe.*)

ÉCHANTILLON DE COLLE FINE DE POISSONS, gélatine blanche transparente pour la préparation des gelées, etc.

Ce produit, qui paraît de qualité supérieure, a été couronné à l'Exposition de Bologne, en 1852.

12. — MILIANI (maison P.), à Fabbriano, province de Macerata. (*Palais.*)

Voyez l'Introduction, page 40,

DIVERS ÉCHANTILLONS DE PAPIERS de sa fabrique, blancs et de couleur, confectionnés à la forme, pour écrire, pour dessin, pour affiches, etc. — Les papiers de la maison P. Miliani ont été couronnés à l'Exposition universelle de Londres.

11e CLASSE.

Préparation et conservation des substances alimentaires.

13. — BIANCONI (G.-G.), à Bologne. (*Annexe.*)

DEUX BOUTEILLES DE VINAIGRE SÉCULAIRE, dit VINAI-

GRE DE MODÈNE. Ce vinaigre est comestible, et est excellent pour les sauces, assure-t-on.

14. — VALERI (Ant.-L.); DONDI (maison G.); et MAGNI; à Ferrare. (*Annexe.*)

UNE BOÎTE contenant trois échantillons DE CONSERVES DE PÊCHES de trois fabriques différentes. Chacun de ces échantillons porte le nom de son fabricant respectif.

—

12e CLASSE.

Hygiène, Pharmacie, Médecine et Chirurgie.}

15. — GIOVANINI (le docteur G.), à Bologne. (*Annexe.*)

Voyez l'Introduction, page 27.

DEUX MODÈLES DE TRÉPAN-SCIE-TOURNANTE, avec toutes les pièces accessoires.

—

14e CLASSE.

Constructions civiles.

16. — BETTANZONI (Ant.), à Bagnacavallo, Ferrare. (*Annexe* et *Palais*.)

ÉCHANTILLONS DE CARREAUX-MOSAÏQUES de grande dimension, pour dallage. Ces carreaux donnés pour fort solides ont leur superficie à dessins de matière bitumineuse enchâssée, et imitent les tapis de Damas et les parquets en bois richement ornés. On les vernit à volonté et ils résistent également au dehors ou à couvert.

—

17ᵉ CLASSE.

Orfèvrerie. Bijouterie, Industrie des Bronzes d'art.

17.—CORRADINI. (Voyez à la 24ᵉ classe, p. 90).

18. — GALLAND (Louis), à Rome, place d'Espagne, 7. — Voyez aussi la 24ᵉ classe, page 90. (*Palais.*)

Voyez l'Introduction, page 18,

MOSAIQUES FINES et autres, à divers prix, pour bijoux, presse-papiers, etc.

18 *bis* (48). — BARBERI (D.), à Paris, rue des Fossés-Saint-Germain, 8. (*Palais.*)

PETITES MOSAIQUES pour bijoux, à prix divers.
PETIT TABLEAU EN MOSAIQUE, représentant les colombes du Capitole. —Prix : 200 fr.

MOSAIQUE FINE pour dessus de tabatière, épisode du général Zavellas défendant sa femme contre un Turc, près de Navarin. —Prix : 1,600 fr.

18 *ter* (52). — POGGI (madame Virginie), à Paris, rue Las-Cases, 21. (*Palais.*)

MOSAIQUES ORDINAIRES, pour bijoux à prix modérés.

18 *quater* (58). — FRANCESCANGELI (Aug.),
professeur de mosaïque, à Rome, rue du
Babouin, 135. (*Palais*.)

Voyez l'Introduction, page 18.

COLLECTION DE MOSAIQUES FINES, romaines et floren-
tines pour bijoux.

19. — BORGOGNONI frères (Ant. et Ignace), à
Rome. (*Palais*.)

RICHE ÉCRITOIRE. Groupe d'argent et de bronze doré
représentant la Création. — La description dé-
taillée de cette pièce d'orfévrerie est imprimée
et se donne aux personnes qui la désirent.

19 *bis* (49). — CASTELLANI, orfèvre à Rome.
(*Palais*.)

Voyez l'Introduction, page 22.

CALICE EN OR, orné de pierres fines de couleur, appartenant à S. A. monseigneur l'abbé prince
Lucien Bonaparte.

19 *ter* (50). — LUIGI (Giuseppe), à Rome.
(*Palais*.)

Voyez l'Introduction, page 10.

RÉDUCTION exacte en bronze des deux fameux LIONS
DU VATICAN, de Canova. — Prix : 600 fr.

20. — SPAGNA (P. P.), à Rome. (*Palais*.)

Voyez l'Introduction, page 24.

REPRODUCTION DE LA COLONNE TRAJANE en bronze
doré, avec piédestal de marbre. — Prix : 10,000 fr.

20 *bis* (47). — Avolio (père et fils), à Naples, rue Sainte-Catherine à Chiaja, 47; représenté par M. Dubert, rue du Faubourg-Saint-Honoré, 47, à Paris. (*Palais*).

Voyez l'Introduction, pages 46-47.

Riche Collection de Coraux finement travaillés pour bijoux, entre autres :

Une Broche et deux Boucles d'Oreille en corail de couleur très-rare. — Prix : 2,000 fr.

Une Chaine de gilet en corail de dix-neuf mailles d'un seul morceau, avec une tête de lion au crochet. — Prix : 500 fr.

Une Croix en corail noir, avec le Christ en corail rouge d'un seul morceau. — Prix : 150 fr.

Une Broche en corail gravé, d'un seul morceau, représentant un enfant qui joue avec un chien. — Prix : 200 fr.

Un Bracelet monté en or, avec des roses en corail d'un seul morceau. — Prix : 500 fr.

Une Parure composée d'une broche et boucles d'oreille, avec des roses en corail d'un seul morceau. — Prix : 350 fr.

Une Garniture d'Ombrellé en corail, représentant le Satyre qui est dans la villa Reale à Naples. — Prix : 500 fr.

Un autre Manche d'Ombrelle avec sa garniture. — Prix : 200 fr.

Une Broche et Boucles d'Oreille d'un seul morceau représentant l'Amour et Vénus, corail d'une couleur très-rare. — Prix : 150 fr.

Enfin, des Colliers de 60 à 80 fr. et divers Brace-
lets, Broches et Parures de 250 à 500 fr. or.

20 *ter* (51). — Michelini (L.), de Rome;
fournisseur breveté de S. M. l'empereur
Napoléon III, à Paris, Palais-Royal, galerie de Valois, 178. (*Palais.*)

Voyez l'Introduction, pages 11-13.

Camées sur Pierres fines. — En voici la liste et
les prix :

Au Palais de l'Industrie :

1. Portrait de S. M. l'Impératrice, sardoine
orientale, 6 centimètres. — Prix : 1,000 fr.
2. Grand camée demi-buste, la Vénus de Millo,
pierre occidentale, 13 centimètres. — Prix :
6,000 fr.
3. Tête d'Ariane d'après l'antique, pierre d'Alle-
magne, 10 centimètres. — Prix : 4,000 fr.
4. Tête de Bacchus indien, d'après l'antique,
10 centimètres. — Prix : 1,000 fr.
5. Portrait de deux jeunes gens Américains,
d'après le daguerréotype. — Prix : 1,000 fr.
6. Bacchus, pierre orientale, 5 centimètres. —
Prix : 300 fr.
7. Tête de Flore, pierre orientale. — Prix :
600 fr.
8. Tête de Bacchante, cornaline du Brésil. —
Prix : 600 fr.
9. Tête d'Ariane, sardoine du Brésil. — Prix :
700 fr.
10. Tête de Flore, pierre du Brésil. — Prix :
500 fr.

11. Tête antique, cornaline orientale. — Prix :
     500 fr.
12. Tête antique, pierre du Brésil. — Prix :
     500 fr.
13. Bacchus, pierre orientale. — Prix : 800 fr.
14. Antinous, pierre du Brésil. — Prix ; 700 fr.
15. Tête antique, pierre du Brésil. — Prix :
     500 fr.
16. Tête de Flore, pierre du Brésil. — Prix :
     600 fr.
17. Tête de fantaisie, sardoine orientale. —
     Prix : 700 fr.
18. Bacchante, cornaline orientale. — Prix :
     700 fr.
19. Tête d'Isis, pierre du Brésil. — Prix : 500 fr.
20. Tête de fantaisie, cornaline du Brésil. —
     Prix : 700 fr.
21. Tête de fantaisie, sardoine orientale. —
     Prix : 700 fr.
22. Vénus d'Arles, sardoine du Brésil. — Prix :
     700 fr.
23. Tête d'Isis, pierre d'Irlande. — Prix : 500 fr.
24. Tête de fantaisie, pierre du Brésil. — Prix :
     500 fr.
25. Tête antique, pierre du Brésil. — Prix :
     700 fr.
26. Tête d'Apollon, sardoine orientale. — Prix :
     800 fr.
27. Tête de Bacchus, pierre du Brésil. — Prix :
     700 fr.
28. Tête de fantaisie, pierre orientale. — Prix :
     500 fr.
29. Tête de Diane, pierre du Brésil. — Prix :
     700 fr.

30. TÊTE DE FANTAISIE, sardoine du Brésil. — Prix : 400 fr.

31. TÊTE DE BACCHANTE, cornaline du Brésil. — Prix : 400 fr.

32. PORTRAIT DE S. M. L'EMPEREUR, pierre du Brésil, avec couronne d'or émaillé, 10 centimètres. — Prix : 3,000 fr.

33. TÊTE DE CARACTÈRE ANTIQUE. — Prix : 600 fr.

34. TÊTE DE FANTAISIE, sardoine du Brésil. — Prix : 300 fr.

35. TÊTE d'après la Vénus d'Arles. — Prix : 400 fr.

36. TÊTE DE FANTAISIE — Prix : 400 fr.

37. TÊTE DE FANTAISIE, pierre du Brésil. — Prix : 300 fr.

38. TÊTE DE FANTAISIE, pierre orientale. — Prix : 400 fr.

39. PORTRAIT DE S. M. L'EMPEREUR, agate du Brésil. — Prix : 500 fr.

40. TÊTE DE CARACTÈRE ANTIQUE, sardoine orientale. — Prix : 500 fr.

41. TÊTE DE CARACTÈRE ANTIQUE, agate du Brésil. — Prix : 400 fr.

42. TÊTE DE CARACTÈRE ANTIQUE. — Prix : 500 fr.

43. TÊTE DE CARACTÈRE ANTIQUE. — Prix : 300 fr.

44. TÊTE DE FANTAISIE, sardoine. — Prix : 350 fr.

45. TÊTE DE FANTAISIE, agate. — Prix : 250 fr.

46. TÊTE DE CARACTÈRE ANTIQUE. — Prix : 350 fr.

47. PORTRAIT DE S. M. L'EMPEREUR, pierre orientale. — Prix : 200 fr.

Nota. Au palais des Beaux-Arts, salon de la Sculpture, numéro du *Catalogue*, 4503, M. Michelini expose encore les camées suivants :

LA FORCE VAINCUE PAR L'ADRESSE, grand camée pierre du Brésil. — Prix : 5,000 fr.

LÉDA ET JUPITER, sardoine orientale. — Prix : 4,000 fr.

QUATRE PORTRAITS DE FANTAISIE à 750 fr. chaque.

PORTRAIT DE M. MICHELINI.

20 *quater* (57). — DIES (G.), à Rome.—Voyez aussi à la 24e classe, page 95. (*Palais.*)

Voyez l'Introduction, page 13,

PORTRAIT DE SA SAINTETÉ LE PAPE PIE IX, grand camée sur pierre fine. — Prix : 800 fr.

——

18e CLASSE.

Industrie de la Verrerie et de la Céramique.

21. — POZZI (madame Victoria), à Rome. (*Palais.*)

PERLES ARTIFICIELLES.

La *Perle* est une substance globuleuse d'une grande dureté, d'un blanc de nacre, mat et chatoyant, à reflets de diverses couleurs, qui se forme dans l'intérieur de plusieurs espèces de coquillages. Les perles constituent une des parures les plus belles et les plus recherchées, mais aussi des plus coûteuses. On en fabrique d'artificielles avec de la nacre ou des boules de verre. On appelle *Perle de Venise* des émaux teints en rouge, brun ou noir, qu'on exporte dans les tribus moins civilisées de l'Afrique. Les *Perles de Rome* sont de petits grains d'albâtre plongés dans une pâte composée de nacre, d'alcool et de colle de poisson. On en fait spécialement des colliers, des chapelets, etc.

22. — OLIVIERI, à Rome. (*Palais.*)

Voyez l'Introduction, page 38.

TERRE ET ARGILE pour la céramique.
BRIQUES ET USTENSILES de terre cuite.

23. — OSSOLI frères (marquis Al. et J.) à Rome. (*Palais.*)

Voyez l'Introduction, page 38.

ARGILE marneuse du mont Janicule. — On y trouve une matière précieuse, tant pour la dureté que pour la teinte. On peut en faire d'élégants pavés, durables et de couleurs vives et variées.
DEUX ÉCHANTILLONS de briques mosaïques pour carrelage.

20ᵉ CLASSE.

Industrie des Laines.

23 *bis* (36). — HOSPICE apostolique de Saint-Michel-à-Ripa, à Rome. — Voyez aussi la 23ᵉ classe, page 89. (*Palais.*)

Voyez l'Introduction, pages 24-26.

DRAPS bleus, gris, et garances pour la troupe.—Des draps garances ont été fournis pour les soldats français en garnison à Rome.

21ᵉ CLASSE.

Industrie des Soies.

24. — BALDINI (L.), à Pérouse. (*Palais*.)

SOIE GRÉGE.

Tout le monde sait que la soie est le produit
de vers du genre *Bombyx*, qui la produisent en
cocons. Quand le cocon est terminé, on tue le
ver transformé en larve de papillon, et, pour
avoir la soie, il ne reste qu'à dévider le cocon.
Simplement dévidée, la soie porte le nom de *Soie
grége*. La qualité s'en distingue facilement par
l'habitude, au toucher.

**25. — BERETTA (D.), à Ancône. — M. Beretta
a été honoré de deux médailles en or du
Pape régnant, et d'une médaille en bronze
à l'exposition de Londres, en 1851, pour
ses soies. (*Palais*.)**

Voyez l'Introduction, page 33.

SOIES GRÉGES, de sa propriété et filature.

26. — BRIGANTI BELLINI frères. (*Palais*.)

Voyez l'Introduction, page 33.

SOIES GRÉGES.

27. — FEOLI (Aug.), à Rome. (*Palais*.)

Voyez l'Introduction, page 33.

SOIES GRÉGES et SOIES de sa filature à la vapeur.

28. — LARDINELLI, à Osimo. (*Palais.*)

QUATRE ÉCHEVEAUX DE SOIE à divers titres, de sa filature.

29. — OPPI (G.), à Bologne. (*Palais.*)

Voyez l'Introduction, page 33.

SOIES.

29 *bis* (34). — PADOA (G), à Cento, province de Ferrare.—Voyez aussi la 22e classe, page 88. (*Palais.*)

SOIES GRÉGES.

30.—SALARI (D.), à Suligno, Ombrie. (*Palais.*)

SOIES GRÉGES jaunes et blanches.

31. — VALAZZI (L.). à Pezaro. (*Palais.*)

SOIE GRÉGE.

31 *bis* (53). — BLUMER et JENNY, à Ancône. (*Palais.*)

BOURRE DE SOIE cardée et peignée.

31 *ter* (54). — MORLACCHI (veuve R.), à Ancône. (*Palais.*)

SOIE GRÉGE de cocons du pays et de cocons de Grèce. Soies à divers titres.

31 *quater* (55). — SIMONETTI (le prince), à Osimo, Ancône. (*Palais.*)

Voyez l'Introduction, page 33.

HUIT ÉCHEVEAUX DE SOIE au titre 10/11, de sa filature.

22ᵉ CLASSE.

Industrie des Lins et des Chanvres.

32. — BALBONI (Ant.), à Reno-Centese, Ferrare. (*Palais.*)

Voyez l'Introduction, page 34.

CORDAGES DE CHANVRE. — Les produits de M. Balboni ont été couronnés à l'Exposition de Londres en 1851.

33. — FACCHINI frères (P. et C.), à Bologne. (*Annexe.*)

Voyez l'Introduction, page 33.

CHANVRE EN TIGES; chanvre préparé pour le rouissage; chanvre roui, teillé et peigné.

34. — PADOA (G.), à Cento, Ferrare.—Voyez aussi la 21ᵉ classe, page 87. (*Palais.*)

Voyez l'Introduction, page 34.

TOILES A VOILES et toiles fines de fil de chanvre. (Voyez aussi la 21ᵉ classe).

35. — TROUVÉ (M.), et Compagnie, à Bologne; représenté, à Paris, par E. Pignatel et C. Meunier, rue du Faubourg-Saint-Martin, 74. (*Palais.*)

Voyez l'Introducsion, page 33.

CHANVRE et étoupes de chanvre peignés.

—

23e CLASSE.

Industries de la Bonneterie, de la Passementerie, des Tapis, de la Broderie et des Dentelles.

36. — Hospice apostolique de Saint-Michel-à-Ripa, à Rome, ayant, depuis bien des années, pour visiteur (supérieur), S. Em. le cardinal Tosti.—Voyez aussi la 20e classe, page 85. (*Palais.*)

Voyez l'Introduction, pages 24-26.

Une tapisserie de la même dimension que le modèle représentant l'*Asaraton œcon*, ou les restes d'un souper. Le modèle copié est un fragment de mosaïque antique d'un travail très-fin, qui a servi de plancher dans une salle des jardins *Servilli*, et qui a été retrouvé en 1834, dans un faubourg, entre les portes Saint-Paul et Saint-Sébastien. On y voit le nom de l'auteur grec, et c'est probablement une copie d'un certain Soso cité par Pline dans l'*Histoire naturelle*, liv. 36, ch. 25. En exécutant la tapisserie on a remplacé le centre qui manquait par la copie d'une autre mosaïque de la voie Adrienne, représentant les colombes dites *Colombes du Capitole*, qui, selon Pline étaient au milieu du tableau de Soso. Cette mosaïque antique est actuellement dans le musée de Latran.

Un tapis, où sont dessinés, en différentes couleurs sur fond rouge, des couronnes et ornements.

———

24e CLASSE.

Industries concernant l'ameublement et la décoration.

36 *bis* (17). — Corradini (G.), à Rome. (*Palais.*)

Une table ronde de quatre-vingt-dix centimètres de diamètre, en mosaïque, grand médaillon, entouré d'une guirlande de chêne et représentant Neptune sur son char à quatre chevaux, qui donne aux vents l'ordre de cesser leur furie contre les vaisseaux d'Énée, d'après la narration de Virgile. — Prix : 10,000 fr.

36 *ter* (18). — Galland (Louis), à Rome, place d'Espagne, 7.—Voyez aussi la 17e classe, page 78. (*Palais.*)

Voyez l'Introduction, page 18.

Mosaiques et sculptures d'ameublement en pierres antiques.

M. Galland occupe, à Rome, de nombreux artistes en mosaïque, entre autres MM. Roccheggiani père et fils d'un talent distingué. Il expose de fort belles pièces, dont voici les principales avec leurs prix :

1. Vue du Forum romain, grand et magnifique tableau en mosaïque, où se trouvent réunis l'architecture et le paysage.—Prix : 20,000 fr.

2. Grande table ronde d'un mètre vingt centimètres de diamètre. Marqueterie en pierres antiques les plus précieuses, de plus de deux

cent espèces, avec neuf médaillons en mosaïque : 1° au centre, vue de Saint-Pierre et de la place du Vatican; 2° cathédrale de Milan; 3° le Colysée; 4° temple de Vesta; 5° la chartreuse de Pavie; 6° temple de la Sibylle; 7° Panthéon de Rome; 8° le Forum. — Prix : 6,000 fr.

3. TABLE RONDE d'un mètre vingt cent. de diamètre, en marbre antique noir, ayant au milieu une grande coupe avec les quatre *Colombes du Capitole.*—Prix : 3,000 fr.

4. TABLE RONDE d'un mètre de diamètre, en marbre antique, avec une superbe couronne de fleurs en mosaïque. Le milieu est laissé vide et peut recevoir à volonté des armoiries ou un dessin. — Prix : 4,500 fr.

5. TABLE RONDE, d'un mètre de diamètre, en marbre noir antique; au centre, mosaïque représentant une cabane de bergers avec animaux, et entourée d'une guirlande de lierre. — Prix : 3,500 fr.

6. TABLE RONDE en marbre noir antique; au centre, mosaïque représentant un groupe d'Arabes faisant la chasse aux lions, d'après Horace Vernet. — Prix : 1,600 fr.

7. TABLE d'un mètre dix centimètres, ornée de mosaïques représentant neuf vues de Rome avec ornements copiés de l'antique.—Prix : 4,000 fr.

8. TABLE A LA BORGHÉSIENNE, de quatre-vingt-dix centimètres de diamètre. Marqueterie en pierres antiques, dont quelques-unes d'une grande rareté. — Prix : 1,200 fr.

9. TABLE de quatre-vingt-centimètres de diamètre. Au centre, mosaïque représentant Romulus et Rémus allaités par la louve, avec guirlande de volubilis. —Prix : 1,500 fr.

10. TABLE de quatre-vingt centimètres de diamètre. Mosaïque : sept vues de Rome et bouquets de fleurs. — Prix : 2,000 fr.

11. TABLE de soixante-dix centimètres de diamètre. Branches de roses, camélias, volubilis et pensées en mosaïque. —Prix : 600 fr.

12. TABLE de soixante centimètres. Une *Colombe* avec guirlandes de fleurs, en mosaïque.— Prix : 500 fr.

13. PETITE TABLE OBLONGUE, de quarante-cinq centimètres sur trente-cinq, avec la basilique de Saint-Pierre en mosaïque.— Prix : 400 fr.

14. TABLE RONDE en marbre noir antique, de quatre-vingt-dix centimètres de diamètre, avec une tête de bacchante en mosaïque, demi-nature. Prix : 1,600 fr.

15. TABLE RONDE en marbre noir antique, de quatre-vingt-dix centimètres de diamètre, avec sept vues de Rome en mosaïque.—Prix : 700 fr.

16. *Id.* plus petite.—Prix : 500 fr.

17. TABLE RONDE de soixante-dix centimètres de diamètre, ayant en mosaïque un souvenir de Rome, entouré d'une guirlande de volubilis. Prix : 1,000 fr.

18. TABLE de quatre-vingt centimètres de diamètre avec une guirlande de fleurs en mosaïque. Prix : 1,000 fr.

19. TABLE de quatre-vingt-dix centimètres de diamètre incrustée de marbres antiques, avec jeu
de dames. — Prix : 550. fr.

20. MARBRE portant en mosaïque les quatre *Colombes
du Capitole*. — Prix : 200 fr.

21. JEU DE DAMES en marbres antiques.—Prix : 300 fr.

22. DEUX COLONNES, Faustine et Trajane. Reproduction parfaite en rouge antique, hautes de quatre-vingt-dix centimètres, tout compris.—Prix :
1,200 fr.

23. LA COLONNE FOCA, en rouge antique, avec la
statue en bronze doré. Un mètre dix centimètres de hauteur — et deux fragments de
temples antiques du Forum, l'un *Jove statore*,
l'autre *Jove tonante*, en marbre rouge antique,
portant chacun trois colonnes, avec bases,
chapitaux, etc. — Prix des trois pièces : 5,000 fr.

24. Une coupe de soixante-dix centimètres de diamètre, sur un fût de colonne en albâtre tigré,
la plinthe en vert antique et la base en marbre blanc. — Prix : 8,000 fr.

25. GRANDE COUPE d'un mètre trente centimètres
de diamètre, sur son pied, en jaune antique,
avec plinthe en vert antique.—Prix : 15,000 fr.

37. — MOGLIA (le chevalier L.) à Rome, (*Pa-
lais.*)

UN TABLEAU EN MOSAÏQUE, représentant saint Geor-
ges, copié d'après Pordenone.

38.—Mutti-Pappazurri-Savorelli (le marquis Alex. et le comte Ant.), à Rome. — Voyez aussi la 9ᵉ classe, page 74. (*Palais.*)

Voyez l'Introduction , page 20.

Table ronde en marbre blanc, sur laquelle sont gravés, non au ciseau, mais par un procédé de gravure sur pierre au moyen d'agents chimiques, plusieurs sujets de la *Divine Comédie* du Dante d'après les dessins originaux de Flaxman.

Ciment propre à remplacer le marbre dans la décoration et la sculpture.

39. — Urtis (Ant.) à Rome. (*Palais.*)

Table ronde de plâtre durci, ou stuc, imitant le marbre rouge antique, incrustée de diverses imitations de pierres précieuses.

Fragments de corniches également en stuc imitant le marbre de Carrare et le marbre de brèche.

40. — Ferdenzoni (D. L.), à Ferrare. (*Palais.*)

Grande table ronde en acajou.

Table ronde en marqueterie de bois précieux et d'ivoire.

Petit bureau de dame.

41. — Gatti (G. B.), à Rome. (*Palais.*)

Voyez l'Introduction, page 9.

Un magnifique secrétaire en marqueterie sur ébène, dessiné et exécuté par lui.

Une Très-belle table également en marqueterie.
Trois tableaux en marqueterie.

56. — Belloni (Fr.), né à Rome, résidant à Paris. (*Palais.*)

Voyez l'Introduction, page 18.

Portrait en pied, d'après Gérard, de l'empereur Napoléon Ier, mosaïque, en grands morceaux, style des mosaïques du Vatican.

Quatre tables, dont une rectangulaire en granit orbiculaire de Corse; deux octogones en rouge antique et une ronde en marbre noir : ornées, toutes les quatre, de dessins en mosaïque fine et en mosaïque style de Forence.

Quatre bouquets en mosaïque en relief sur fond noir, sortant des ateliers d'un de ses anciens élèves, M. Fontaine, qui exerce cette industrie, rue du Cherche-Midi, 86.

57. — Dies (G.), à Rome, via Condotti, 84. — Voyez aussi la 17e classe, page 84. (*Palais.*)

1. Deux coupes rondes en vert antique sur base carrée, ayant environ quarante-trois centimètres de hauteur sur quarante centimètres de largeur. — Prix : 1,000 fr.

2. La colonne Foca et deux fragments de temples antiques du Forum, semblables à ceux qu'a exposés M. Galand (voyez plus haut) mais en jaune antique. — Prix : 5,000 fr.

58. — Franscescangeli (Aug.) — Voyez la 17e classe, 18 *quater* (58), page 79.

59. — Poggi (Ch.), à Paris. (*Palais.*)

Mosaique, style du Vatican, exécutée par Ciuli et représentant un chien.

60. — Sampieri (Mme la marquise), à Bologne. (*Palais.*)

Guéridon en mosaique, porté sur un riche pied doré.

—

25ᵉ CLASSE.

Confection des articles de vêtement, fabrication des objets de mode et de fantaisie.

60 *bis* (42). — Monastère de religieuses, à Cosimato. (*Palais.*)

Voyez l'Introduction, page 30.

Fleurs artificielles en cocons de vers à soie, pour ornement d'autel, etc.

61. — Andréoli, à Gubbio. (*Palais.*)

Tableau de papier découpé représentant l'apothéose de Napoléon Iᵉʳ.

62. — Jacometti (Mme C.), à Rome, élève de de M. Pagliacci. (*Palais.*)

Voyez l'Introduction, page 30.

Corbeille de fleurs en cire.

Bouquet de fleurs en crêpe de couleurs diverses, et dont le contour des pétales est soutenu par un fil argenté de Bologne.

62 *bis*. — Guyétan (Mme), née Michelini, à Paris, élève de M. Pagliacci. (*Palais.*)

Voyez l'Introduction, page 30.

Petite Corbeille de Fleurs en cire encadrée.

63. — Livizzani (l'avocat), à Bologne, représenté par M. le comte Tattini. (*Palais.*)

Un petit Tableau en papier noir découpé aux ciseaux et appliqué sur blanc, représentant le Paradis terrestre.

Autre Tableau semblable, représentant le roi Joachim Murat, lorsqu'il était général, pendant la guerre d'Égypte, échangeant son épée avec celle de Mourad-Bey, à cause de la ressemblance du nom. Cette épée, enrichie de diamants, est conservée dans la famille Murat.

63 *bis*. — Bourgoing (M. le baron de), Sénateur, ancien ambassadeur.

Voyez l'Introduction, page 48.

Un Lustre avec riches ornements en pierres précieuses.

64. — Pagliacci (Ant.), à Rome, via della Croce, 25, professeur de l'art de fabriquer des fleurs en cire. (*Palais.*)

Voyez l'Introduction, page 30.

Une grande Corbeille de Fleurs, dont M. Pagliacci prétend les couleurs solides, pourvu toutefois qu'on ne les expose pas trop au soleil. — Prix : 1,000 francs.

65. — Scariano (Basile, à Palerme.) — S'adres-

9

ser, à Paris, l'*Office Franco-Italien*, boulevard des Italiens, 4. (*Palais.*)

Voyez l'Introduction, page 43.

Psalisomètre, instrument de son invention pour la coupe des habits; petite machine fort ingénieuse, composée simplement de quelques tiges de cuivre divisées et de lames d'acier flexibles, qui, à notre connaissance, a été jugée de bon aloi, après mûr examen, par d'habiles et honnêtes tailleurs très compétents pour apprécier son mérite. Le Psalisomètre a d'ailleurs reçu une approbation fort flatteuse de la *Société philanthropique* des marchands-tailleurs de Paris. Cette approbation est signée de M. Larouette, président de cette Société et vice-président du Conseil des prud'hommes (tissus), et de tous les membres du Conseil, unanimes à reconnaître la supériorité des résultats donnés par cet instrument.

—

26e CLASSE.

Dessin, Imprimerie, Photographie, etc.

65 *bis* (43). — Dovizielli (P.), à Rome, via del Babuino, 139; représenté par M. Goupil, marchand d'estampes, boulevard Montmartre, 9, à Paris. (*Palais.*)

Voyez l'Introduction, page 10.

Épreuves photographiques, représentant les monuments et les sites les plus curieux de Rome et de ses environs, dont nous citerons les douze suivantes, prix de chacune : 6 fr. :

1. L'Arc de Septime-Sévère.
2. La Cascatelle de Tivoli.
3. Vue du Capitole moderne avec la statue équestre antique de Marc-Aurèle.
4. L'Arc de Titus.
5. Campagne de Rome.
6. Autre Point de Vue de la campagne de Rome.
7. Autre id. id.
8. Piazza del Popolo.
9. Villa Borghèse.
10. Ruines romaines.
11. Sainte Marie majeure.
12. Chateau Saint-Ange.

66. — Balbi, à Rome. (*Palais.*)

Tableau peint à l'huile, représentant une tête anatomique formée de corps humains dans toutes les poses les plus bizarres. Travail de patience, qui suppose une connaissance plus que commune de l'anatomie et du dessin, et en tout cas fort original et curieux.

67. — Dazeik (Elias Ben-Gibrail), à Bethléem, Syrie. (*Palais.*)

Voyez l'Introduction, page 50-51.

Une Coquille de Nacre sculptée, représentant l'adoration de l'enfant Jésus par les anges.

Deux sujets religieux : une *Descente de Croix* et une *Résurrection*, exécutés sur pierre tendre à la pointe d'un couteau, d'après un bon modèle en plâtre. — Prix : 130 fr.

68. — FERNANDEZ, à Paris. (*Palais*).

UN VOLUME grand in-8º, relié, texte et lithographies coloriés, représentant les costumes de la cour de Rome et des principaux ordres religieux.

69. — RICCIO (G.), à Naples. (*Palais.*)

VOLUME in-4º, relié, de planches numismatiques, sur lesquelles les médailles sont reproduites en bosse par la galvanoplastie.

70. — VOLPATO, à Rome. (*Palais.*)

DESSIN d'une fontaine monumentale.

27ᵉ CLASSE.

Instruments de Musique, etc.

71. — DI BARTOLOMEO (C.), à Naples, rue de Tolède, 285; représenté par M. P. Berger, rue Paradis-Poissonnière, 27, à Paris. (*Palais.*)

Voyez l'Introduction, page 21.

CORDES HARMONIQUES pour violon, alto, violoncelle, etc.

FIN.

TABLE ALPHABÉTIQUE
DES NOMS DES EXPOSANTS
AVEC LEURS NUMÉROS RESPECTIFS
La Désignation de la Classe et la Page.

(B.-A. P.) indique les Exposants des Beaux-Arts, PEINTURE.

(B.-A. S.) indique les Exposants des Beaux-Arts, SCULPTURE.

(B.-A. G.) indique les Exposants des Beaux-Arts, GRAVURE.

www.ingramcontent.com/pod-product-compliance
Ingram Content Group UK Ltd.
Pitfield, Milton Keynes, MK11 3LW, UK
UKHW020007100726
13658UKWH00002B/851